LIEBE IST ALLES

EINE MAGICAL MYSTERY TOUR

von Gerd Steinkoenig

https://youtu.be/pWRwD886m90 Neil Young & Pearl Jam - Rockin´ In The Free World (1993 at the MTV Music Awards)

Noch mehr Versionen zu Musik, TV-Serien, Filme... - weitere you tube Links, Gedanken, Prosaen, Erlebnisse....

David Bo... ääh Major Tom machte nach 6 Monaten einen Kurzstopp auf der Erde, um sich die DVD-Boxen von "Kung Fu" und "Sex And The City" zu besorgen. Auf amazon entdeckte er die Bücher seines Kumpels Gerd und war baff. Hat Magic Fly ein Buch-"Sixpack" draus gemacht... Er bestellte sie gleich mit und düste Richtung Andromeda-Nebel...

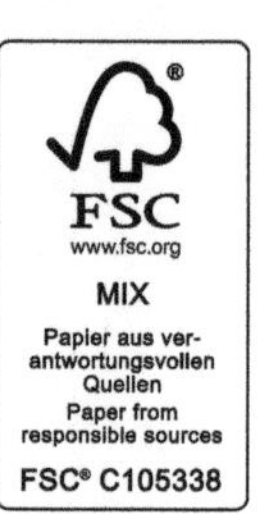

Herstellung und Verlag:
BoD - Books on Demand, Norderstedt
ISBN 978-3-7448-7398-7

INHALT

Prolog

PROLOG

War das gestern im Cotton Club in der Kammgarn Kaiserslautern ein Wahnsinn: VANDEN
PLAS!!!! Zuerst als Vorband Winterland, spielt deutschsprachigen Rockpop, kenne ich vom
OK-KL, aber dann: dann kamen sie! Ich stand ganz vorne in der Mitte, direkt vorm
Sängermikro. Von der ersten bis zur letzten Minute Action, Power, Party. Sänger Andy Kuntz
hatte das Publikum im schweißtreibenden Club von der ersten Sekunde voll im Griff. Und
seine Jünger sangen, klatschten, tanzten und headbangten mit. Durchschnittsalter des
Publikums: 50 oder 55...Der Gittarist war einsame Spitze, mein Gott, spielte der für
Monstersolis! Und ich sah sie stellenweise aus 1 Meter Entfernung.... Die Zugaben wollten
auch nicht aufhören, die Jungs schauten geradezu fassungslos über die Begeisterung ins
glückliche Publikum. Hier ein Song von gestern aus dem neuen Album
http://youtu.be/lQcVwx_-1eU

Vanden Plas - Vision 7even - The King and Children of Lost World (with lyrics)

Vanden Plas - Vision 7even - The King and Children of Lost Word from their new album...

3 Jahre und ein paar Tage später: dieser Konzertüberschwang hätte fein in meine
"Buchfünfologie" gepasst - Blood On The Rooftops, Blood On The Rooftops Teil 2, Blood On
The Rooftops Teil 3, Gerds Blood, Über Musik und die Welt... - alle entstanden zwischen
Januar und Mai 2017. Gar nicht so leicht ein Buch zu schreiben (woraus 5 wurden, was aber
eigentlich eins ist). Meine Begeisterung über Genesis und die Beatles, Pink Floyd und Led
Zeppelin, Star Trek und The Simpsons, Das Schweigen der Lämmer und Shining, über das
Raumschiff Erde oder die Idylle in Annweiler, Miami Vice, Johannes-Mario Simmel oder
Sportstudio oder Sprünge über Schluchten, hatte nur begrenzten kommerziellen Erfolg
(Stand: 01.07.2017 - bis zur Veröffentlichung dieses Buches wurde es ja vielleicht noch was,

lach). Trotzdem - durch Schenkung - gelangten die Werke in die Welt von Dortmund bis Wien... Und vorallem: die besten Freunde haben es, sowie meine Wenigkeit hat seinen Traum erfüllt.

Mit diesem Buch möchte ich es richtig machen (wobei: die 5 Bücher vorher sind ja auch richtig - trotz kein Inhaltsverzeichnis, "Druckfehler", dem Running Gag "hab ich vergessen" usw...). Nun, dieses Buch soll sowas wie ein "Gesellenstück" werden, mit Inhaltsverzeichnis (grins...), überhaupt mehr logische Übersicht, mir viel mehr Zeit lassen, es schmackhaft schreiben für eine größere Öffentlichkeit (inkl. besserer Veröffentlichungspolitik), aber ohne mich zu verraten in meiner Art.

So wird auch wieder gleich mal ein Songtext losgelassen...

Annweiler am Trifels, 01.07.2017 (bin gespannt, welches Datum der Epilog hat, hihihi)

A Day in the Life Songtext Übersetzung

Ich las heute die Zeitung , oh Junge,

über einen Mann , der den Erfolg hatte.

Und doch war die Nachricht ziemlich traurig.

Nun , ich mußte einfach lachen,

als ich das Photo sah.

Er hauchte seine Seele in einem Auto aus,

er bemerkte nicht , daß die Ampel gewechselt hatte.

Eine Menge Leute standen da und starrten,

sie hatten sein Gesicht schon einmal gesehen.

Doch niemand war sich sicher,

ob er nicht aus dem ‚Haus der Lords‘ war.

Ich sah heute einen Film , oh Junge,

die Englische Armee hat soeben den Krieg gewonnen.

Eine Menge Leute schalteten weg,

aber ich war dabei , hatte ich doch das Buch gelesen.

Ich möchte euch gerne anknipsen.

Wachte auf , fiel aus dem Bett,

zog den Kamm über meinen Kopf.

Fand den Weg nach unten und trank ne Tasse,

schaute auf und merkte daß ich zu spät war.

Fand meinen Mantel und schnappte den Hut,

erwischte den Bus grad noch.

Fand den Weg nach oben und rauchte eine,

jemand sprach und ich fiel in einen Traum.

Ahhh

Ich las heute die Zeitung , oh Junge,

4000 Schlaglöcher in Blackburn , Lancashire.

Und obwohl die Löcher ziemlich klein waren,

mußten sie sie alle zählen.

Nun wissen sie , wieviele Löcher man benötigt,

um die ‚Royal Albert Hall' zu füllen.

Ich möchte euch gerne anmachen.

(aus dem The Beatles-Songbook - eines der über 50 Musikbücher des Autors)

EINS

Aderlass ist notwendig, loslassen ist wichtig! Ob von Menschen, die geistig oder moralisch stehen bleiben, an denen ich vorbei lief, weil meine Entwicklung, mein Weg, mich zu Weiterem berufte. Oder von Sachen: 2014 trennte ich mich von vielen Hobbymosaiksteinchen, wie z.B. Videos, erstellte Mappen über Musik, vielen Printmedien (Hefte wie Spiegel oder Stern, ich behielt nur eine Auswahl). ich kam außerdem auf die Idee, das meine Sticks auch unnötig geworden sind. Größtenteils stimmt das sogar, aber leider dachte ich im spirituellen Aderlass-Moment nicht an die Sticks mit vielen, vielen CDs (z.B. die komplette Discographie von Pink Floyd, außerdem Deep Purple, Muddy Waters, B.B. King, Fleetwood Mac, Led Zeppelin und und und...). Desweiteren schmiss ich dadurch Fotoserien weg, wie von der Ausstellung 1000 x 1000 Jahre Kaiserslautern (Zink-Museum KL), Kunst und Technik II-Ausstellung in der Fruchthalle KL (die Fotos wollte sogar meine damalige Chefin, weil sie besser waren, wie vom beauftragten Fotografen...), der Pfalztheater-History-Ausstellung (Zinkmuseum KL) oder eben viele Fotos von Kaiserslautern (Hinterhöfe, Straßen, Ecken...), die es nicht in die Fotoalben von facebook schafften, trotzdem toll waren. Schade! Aber es SOLLTE SO SEIN!!! Schicksal, Ironie, Wegweisung, Entwicklung, Universum, was auch immer, oder alles zusammen. Viele Fotos sind tatsächlich in meinem Kopf gespeichert, da kann ich sie dann ja abrufen....

Ähnlich erging es mir mit der Band Tribute. 1982 spielten die Schweden auf dem Umsonst- und Draußen-Festival "Rocken und Hausen" in Rockenhausen. 3 Tage Woodstock, Zelt, Musik, Freunde, Party. Am späten Abend samstags entstand urplötzlich ein gewisser Flow, ein besonderes Ereignis schien anzustehen, alle waren in dem besonderen, gechillten Zustand, so wie 1982 eben ein gechillter Zustand zu Stande kam. Die Band verspätete sich. Dann fingen sie an, eine Mischung aus Mike Oldfield, ProgRock-Genesis und Supertramp. Ich durfte live Leuten wie Pink Floyd, Genesis, U 2, Neil Young, Jethro Tull oder BAP oder Udo Lindenberg oder Blue Öyster Cult oder Stevie Wonder, Marillion oder Peter Gabriel, Peter Maffay, Steve Hackett, Helen Schneider usw. lauschen - aber DAS Konzert ist gemeinsam mit Vanden Plas (siehe Beginn des Prologs) das Geilste, was ich live je sah, hörte, fühlte!! Alle waren ergriffen und schwebten. Nach Mitternacht killte der "Ackervermieter" den Strom: die Band spielte akustisch weiter. In diesen Momenten hätte man eine Stecknadel fallen hören können, so ruhig war das Publikum, un den Tönen von Tribute lauschen zu können. Sonntagmorgen gab es Casetten von der Band zu kaufen, aber die 10 DM hatte ich nicht... So begab es sich, das ich über 30 (!) Jahre von Tribute nichts hörte. Und dann entdeckte ich sie auf you tube. Sie waren selbst von ihrem Gig in Rockenhausen so angetan, das sie dazu den Song "Rockenhausen" komponierten! Einerseits: jaaa, endlich wieder Tribute hören. Andererseits: es hatte eine lebenstechnische Einmaligkeit, etwas zu hören, einen grandiosen, geradezu spirituellen Abend zu erleben und dann nie mehr von der Band zu hören....

Ach ja: natürlich entstand mittlerweile eine neue Sticks/CD-R-Sammlung, sozusagen die paralelle private Alternative zu den 5 "Übungsbüchern" von Blood On The Rooftops und Co. Zugegeben ist da auch Unnötiges dabei, aber es sollte wohl halt so sein, mit Fotoserien aus Annweiler, Best of-Fotogalerie von Kaiserslautern bis Annweiler, natürlich der visiuelle Overkill mit Clips, Konzerten, Trailer, Alben, Serienepisoden, History, von Genesis (When In Rome) bis Brothers In Arms (in Miami Vice) bis 9/11 oder RAF, bis Sons In Anarchy, 2001-Odysee im Weltraum, The Simpsons, Nastassja Kinski, The Police, Guns n Roses, Beyonce, oder Dallas, Homeland, Wenn die Gondeln Trauer tragen, Sportstudio, Mainzer Fastnacht, Berliner Mauer, Der Kommissar, Schimanski, Prince, Janis Joplin, Sade, Kate Bush, Metallica, U 2, Rolling Stones, Bob Marley, Deep Purple, Columbo, Kojak, Bonner Republik oder WWII, James Bond oder Alfred Hitchcock, Nena oder Gwen Stefani, David Bowie oder Chuck

Berry.... Die Liste könnte jetzt das Buch füllen...

ZWEI

Sein letztes Album "Blackstar" erschien 2 Tage vor seinem Tod - und wenn man Videos und Texte sich reinzieht, selbst seinen Tod hat er zelebriert. (der Autor in Blood On The Rooftops über David Bowie)

Ein humpelnder, drogensüchtiges Medizingenie poltert in der menschlichen Psyche. (der Autor über "House" im selben Buch)

Die Menschheit sollte mehr Demut haben (bei vielen überhaupt einmal Demut), sollte das Sein genießen. (der Autor in Über Musik und die Welt)

James Blunt ist das Grauen aus der Musikhölle!!! Bei seiner Stimme ergreifen sogar die apokalyptischen Reiter die Flucht... (der Autor über James Blunt in Gerds Blood)

Guter Schlager heutiger Prägung wird in der Abteilung Deutsch-Pop geführt (der Autor in Blood On The Rooftops Teil 2)

... der Abgesang des Rock in seiner revolutionären Kraft, die Deadline des Oldschool-Rock. Jaaa, es gibt auch 2017 CDs von alten Recken, aber Use Your Illlussion war der Schlussstrich, bevor endgültig die illussionslosen Buchhalter die Plattenfirmen übernahmen. (der Autor in Blood On The Rooftops Teil 3)

... Egal was passiert, was das Schicksal mit einem vor hat, mit all den Möglichkeiten der Abzweigungen: Viva La Vida <3 (der Autor in Blood On The Rooftops)

... das Plattencover anschauen, die Texte lesen, eins werden mit der Musik mit dem Überstülpen der Kopfhörer (ich meine Kopfhörer, nicht die komischen Stöpsel heutzutage). Es ist Wochenende, Ende der 1970er, ich fahre nach KL zu meinen Kumpels in die einschlägigen "Studenten"Kneipen. Zappa läuft, Pink Floyd oder Jethro Tull oder eben Genesis... (der Autor im selben Buch)

Oder was alles vor 50 Jahren geschah. die Sgt. Pepper der Beatles, der Summer of Love, das Doors-Debüt... (der Autor in Über Musik und die Welt)

Zeiten ändern sich, Moden ändern sich, Kultur und Musik ändert sich, Medien und Techniken ändern sich. Aber entwickelt sich die Spezies Mensch weiter? (der Autor in Blood On The Rooftops Teil 2)

DREI

... für seine ergebenen Fans die Verkörperung der romantischen Mythen, über die er schreibt: ein Jedermann aus der Arbeiterklasse, der aussichtslose Liebhaber aus der

Großstadt, der Geist des Rock n Roll. (US-Rolling Stone über Bruce Springsteen, aus dem Rocklexikon von Siegfried Schmidt-Joos/Wolf Kampmann, Ausgabe 2008)

Für mich war es von Anfang an interessant, auch hinter die Musik zu schauen. Klar, in frühen Teeniejahren kannte ich nur die Bravo. Allerdings hießen da die Teeniestars The Sweet (Ballroom Blitz), T. Rex (Metal Guru), Slade, Alice Cooper, Suzi Quatro, David Cassidy, das war Glam Rock, Hard Rock, Deep Purple (Woman From Tokyo) oder Led Zeppelin (The Ocean) waren in den Leschercharts... Dann natürlich der Musikexpress, ab und zu ein Sounds-Heft, plus Musik Joker, Pop... Relativ früh schmökerte ich in die ersten Musikbücher. Zuerst wieder die Teenieschiene: ein dicker Wälzer von Ilja Richter, Star Szene 1977 - vor Jahren fand ich das Ding auf einem Flohmarkt wieder... Aber dann natürlich das Rocklexikon Ausgabe 1975 (leider verschollen in meiner Sammlung), die diversen Rock Session-Bücher, die Greil Marcus-Bücher, Nik Cohn´s Pophistory, Rock n Roll von Arnold Shaw usw... Damals, Ende 70er, Anfang 80er bestand eine Nachfrage nach intellegenter Musikliteratur, diese Bücher kamen dem nach. Es wurde viel diskutiert, z.B. bei dem arroganten, rechthaberischen Tibor Kneif (z.B. Sachlexikon Rockmusik). Damals war Musikkritik linksideologisch gefärbt. Außerdem: auch da waren z.B. die Rolling Stones schon uralt - mit über 30 noch glaubhaft Rockmusik machen? Wer konnte denn die Entwicklung ahnen, mit Erwachsenenrock (MOR) oder Erwachsenenemusikblättern (Rolling Stone, Good Times, Eclipsed) oder Ritterschlägen für SIR Paul McCartney, SIR Mick Jagger, SIR Elton John - nicht schlecht für "langhaariges Affengedudel" oder "Negermusik"...

... eine der größten Rock n Roll-Bands, die New York jemals herausgehustet hat: mystische Gitarrenboys, die sich wie Punks kleiden und wie Poeten singen, während sie die bewusstseinserweiternden Eigenschaften des Fender Jazzmaster-Gitarrensolos erkunden. (US-Rolling Stone über Television, wieder aus jenem Rocklexikon, Ausgabe 2008)

Die Band lief Ende der 1970er komplett an mir vorbei! Die Sex Pistols waren in aller Munde, ganze Aufsätze und Bücher (Greil Marcus) wurden über die Punk-Legende verfasst. Television gingen unter, obwohl sie anscheinend - nie gehört, zumindest nicht bewusst - mit Marquee Moon (1977) ein Jahrhundertalbum ablieferten. Werde ich bestimmt auf you tube finden... Apropo you tube: Man macht es sich einfach, was habe ich nicht alles auf you tube entdeckt und gesammelt! Dadurch geht ein Stück Niveau verloren, das Schlagwort "Wegwerfware Musik" kommt mir in den Kopf: selbst verurteile ich die Trivialisierung, die Respektlosigkeit vor Musik, den geistigen Urhebern, der Kunst der Musik an sich. Aber z.B. das Album Viva La Vida von Coldplay hab ich downgeloaded auf you tube... In den 1970ern kaufte ich mir ein Album, legte ehrfürchtig die Platte auf, das Knistern der Nadel beim Aufsetzen, ich studierte das Cover, die Texte, tauchte in die Musik ein... Heute passen auf einen I-Pod Tausende Songs!

VIER

Beim Schreiben der Kapitel Drei und Vier haben wir den 2. Juli 2017. Für mich ein wichtiges Datum mit viel Liebe, Gefühl, Leben, Fortschritt behaftet: genau vor 3 Jahren änderte ich auf fb meinen Beziehungsstatus: in einer Beziehung! Ein Quantensprung und eines der wichtigsten Ereignisse in meinem Leben, weil es DIESE Frau war...

Wie sich die Zeiten ändern... 1971 oder 72 (bin mir nicht sicher) war ich in einer Jugendherberge in Feuchtwangen in Bayern. Da tanzte ich in der herbergsinternen Disco (oder sowas) das Erstemal mit einem Mädchen, war sogar 2 oder 3 Jahre älter. Nach dem Urlaub schrieben wir uns noch einige Zeit. Mmh, wie erkläre ich das der jungen Generation? "Schreiben" hieß damals, man nahm ein Blatt Papier, machte sich feierlich Gedanken und schrieb los. Danach lief man zur Post, warf den sogenannten Brief ein und wartete. 1 bis 2 Tage hin, die Zwischenzeit, 1 bis 2 Tage zurück. Antwort könnte in einer Woche schon da sein. Vorfreude, Erwarten! Was für eine geile Zeit, diese Romantik dürfte fb-Messenger, Whats App oder SMS fehlen...

Aber ich nörgele nicht, fb-Messenger, Whats App oder SMS haben definitiv Vorteile, ich kann ein Lied davon singen, wie mich mal fb-Messenger rettete (und natürlich die Empfängerin - jene Frau vom Anfang des Kapitels...).

"Liebe ist alles" ist nicht nur der Titel des Buches, es stimmt ganz einfach! All You Need Is Love! Es gibt viele Formen der Liebe, der Erwiderung von Liebe. Die Liebe zu den Eltern, zu den Kindern, bei mir z.B. die Liebe zu meinem legendären Großvater, es gibt spirituelle Liebe und freundschaftliche Liebe und es gibt die definitive Lebensliebe. Es gibt Liebe die sich wandelt, leider in Hass, aber auch in andere Liebe: von Partnerschaftsliebe zu freundschaftlicher Liebe, oder umgekehrt. Wenn alle Menschen dieser Erde, neben Respekt vor der Natur und dem Individuum, neben über den Horizont schauen, Liebe im Herzen hätten, wäre die Welt nicht so kaputt! Ich weiß, ein naiver Traum... Der Human Nature ist in seiner Entwicklung erst am Anfang - von wegen zivilisiert - momentan machen wir sogar einen Rückschritt. Macht- und geldgierige Politiker, Bankster, Oligarchen usw. bringen den Planeten Erde in den definitiven Burn Out und die Menschheit in Geiselhaft. Es wird noch Hunderte Jahre dauern, aber die Zivilisierung in intelligente Wesen, das Einswerden mit dem Lebewesen Raumschiff Erde, wird stattfinden. Wenn nicht? Die Evolution der Natur wird es schon richten...

FÜNF

Außerhalb des Mainstreams oder im Hintergrund - und irgendwie doch dabei: Da wäre z.B. Alexis Korner. Nur Insider und einige alte Menschen kennen ihn, lach... Anfang der 1960er waren seine Bluesformationen Keinzelle großer Rockbands. Bei ihm spielten die Rolling Stones, durch ihn entstanden die Animals oder die Manfred Mann, durch ihn kam Robert Plant zu Led Zeppelin. Sehr zu empfehlen sein "Party Album" (1979) zu seinem 50. mit Eric Clapton, Chris Farlowe u.v.a. Da wäre Al Kooper: er spielte auf Alben wie "Electric Ladyland" (Jimi Hendrix 1968), "Let It Bleed" (Rolling Stones 1969), "Highway 61 Revisited (Bob Dylan) usw. Und er war bei Blood Sweat & Tears. Oder Mick Ronson: er war Gittarist, Pianist und

Zweitstimme bei David Bowie´s "Ziggy Stardust and the Spiders from Mars" (1973). Er war bei Mott The Hoople, Bob Dylan oder Lisa Dalbello außerdem zu hören. Ein besonderer Fall ist Nicky Hopkins, den kennt auf gut Deutsch keine Sau, wahrscheinlich hat ihn aber jeder schon mal gehört... Er war zu hören auf den Alben "My Generation" (The Who 1965), "Volunteers" (Jefferson Airplane), "Your Saving Grace" (Steve Miller), "Imagine" und "Wall And Bridges" (John Lennon) usw. Nicky Hopkins war auf Alben von den Rolling Stones, Jeff Beck, Carly Simon, George Harrison, Ringo Starr oder den Quicksilver Messenger Service. Er selbst hatte nur einen Top 20-Hit (1979 mit der Band Night: "Hot Summer Night"). 2014 bekam der Dokumentarfilm 20 FEET FROM STARDOM den Oscar. Für mich ist es der beste Musikfilm! Der Film behandelt die Karrieren von Backgroundsängerinnen wie Merry Clayton, Darlene Love, Judith Hill oder Lisa Fischer. Ein unglaublicher Blick hinter die Kulissen der Musikjahrzehnte. Zumindest Merry Clayton hat jeder schon gehört: sie ist die Stimme neben Mick Jagger bei "Gimme Shelter" von den Rolling Stones... In den 1990ern übernahm diesen Part auf Stones-Tourneen Lisa Fischer - und sang Mick Jagger an die Wand!

https://youtu.be/rLx4xJdCcZ4 (Gimme Shelter, Rolling Stones feat. Lisa Fischer, live)

SEX ääh SECHS

1973, 1974 in meiner damaligen Schule (8. und 9. Klasse): die Lehrerin stand auf der sogenannten Schwarzen Liste, hieß übersetzt Job in Gefahr. Es war die Zeit von Radikalenerlass, d.h. linke Lehrer wurden wie Staatsfeinde behandelt. War man zu jener Zeit links, hieß das gleichbedeutend Symphatisant der Baader-Meinhof-Gruppe (RAF). Ich bin froh, das ich diese Klassenlehrerin hatte. Sie brachte Spiegel-Hefte mit (damals ein wirklicher Gegenpart gegenüber den Regierenden) oder die Klasse ging gemeinsam zum Floh de Cologne-Konzert (was mein Vater - ein Polizist - mir nicht erlaubte, Floh de Cologne machten linken Politrock). Oder für eine Woche war die Hausaufgabe, ein Referat über die 20 Uhr-Tagesschau von Montag bis Freitag zu erstellen. Durch Frau B. wurde ich politisch sozialisiert. Aber auch in den aufgeklärten Aufbruchzeiten der 68er gab es in der Schule eine Grenze: die Geschichtslehrerin machte ebenfalls tollen Unterricht, aber das Dritte Reich blieb außen vor! Ich brachte mir die Geschichte von Hitler und Co. aus großem Interesse selbst bei, z.B. durch Bücher wie "Der SS-Staat" oder "Bis alles in Scherben fiel". Im TV gab es dieses Thema quasi nicht, Internet gabs auch nicht - wer kein Interesse hatte, kriegte nichts mit. Vielleicht sind deshalb soviele in meinem Alter bei der AfD... Später durch einen Lehrgang für meinen zweiten Beruf, schrieb ich über die Nazi-Zeit Referate. Mit meinen Lehrern hatte ich Glück. Schon in der 5. und 6. Klasse brachte uns der Pauker C. die Demokratie bei. Ich weiß noch, wie zur neuen Schulsaison die Sitzordnung festgelegt wurde. Neben mir sollte unser einziger Schwarzer sitzen, was mich zu der Bemerkung veranlasste: "Nein, neben einem Neger kann ich nicht sitzen". Empörung in der Klasse! Pauker C. in aller Ruhe: "Das ist die Meinung von Gerd, die haben wir zu respektieren". Ich war tief beeindruckt und schämte mich, wegen meiner idiotischen Aussage. Nun ja, in diesem Alter ist man noch stark vom Elternhaus geprägt... Bei aller Liebe zu meinen Eltern, bei all der vorzüglichen Erziehung mit Charakter, Benimm usw., die ich genießen durfte, bei diesem Thema hatten die Zwei ihre eigene Prägung: Mutter ist Baujahr 1938, Vater war Baujahr 1935...

In der Handelsschule 1974 - 1976 prägte mich vorallem der Literaturunterricht. Geschichten von Brecht, Rinser, Schnurre, Dürrenmatt, Borchert u.a. hallen bei mir heute noch nach. Als Beispiele seien "Die rote Katze" von Luise Rinser und "Der Augsburger Kreidekreis" von Bertolt Brecht genannt. Es sind Erzählungen, die im Lebensgebrauch nutzen. Sie erweitern den Horizont.

Ebenfalls für immer in den Synapsen hängen geblieben waren ein Film über Albert Schweitzer (Lambarene-Krankenhaus)und "The Animal Farm" nach George Orwell, beides in der Volksschule. Ich finde, viele humanistische Gedanken wurden mir in der Schule beigebracht. OK, OK, natürlich war in der Schule vieles kacke (Algebra, Geometrie, Physik, Chemie, Turnen am Barren.... Wääääh, lach), aber rückblickend bin ich zufrieden. Spiegel-Hefte, Tagesschau-Referat, Demokratie-Diskussionen, Animal Farm, Brecht.... Coool!

SIEBEN

Ideen für das Buch, gesammelt in den letzten Tagen.... Sherlock (die Neuversion der Story als Serie, abgefahren!), Die Spezialisten (momentan beste deutsche Serie), Navi CIS, The Mentalist, ich glaube, Serien, die in den bisherigen Büchern fehlen.... Ablenkungen vor wichtigsten Entscheidungen, heute fällt die Entscheidung, oder doch wieder Verzögerung, die Zeit drängt.... Zerfällt am Wochenende auf dem G 20-Gipfel in Hamburg die bisherige Weltordnung? Trump, Putin, Erdogan, China, Saudi-Arabien.... Cooles Kulturfeeling: im Stockwerk unter mir gibt die Neubewohnerin fast täglich Musikunterricht - Klavier, Gitarre, Geige ist da zu hören. Gerade das Klavier klingt schön, diese warmen, klassischen Töne.... Heute Abend MRT wegen Wirbelsäule/Ischias, woran es wohl liegt, hoffentlich bin ich endlich bald fit für zukünftige Taten, ich brauch wieder richtig Bewegung.... Vielleicht sollte ich doch ein Kapitel über das Seniorenheim machen, in dem ich arbeitete und rausgemobbt wurde.... Deswegen heute die besagte Entscheidung, ich bin im Recht, muss mich durchsetzen, freundlich aber bestimmt, positiv denken, wird schon klappen, ich bin stark.... Hab ich in den Büchern Dr. Who genannt? Läuft z.Z. auf One.... 2017, was für ein Jahr und die Hälfte ist erst vorbei: Vaters Tod, der Neuumgang mit Mutter, neue Verantwortung, der Job auf dem 1. Arbeitsmarkt, das Mobbing, meine Freunde.... Die Klavierschüler meiner Nachbarin sind talentiert!

Passend dazu der Text eines Songs aus den 1960ern - immer noch zutreffend - von Literaturnobelpreisträger Bob Dylan:

The Times They Are A-Changin' Songtext Übersetzung

Kommt versammelt euch Leute, wo immer ihr euch rumtreibt

und gebt zu, dass das Wasser um euch gestiegen ist.

Und akzeptiert, dass ihr bald bis auf die Knochen durchnässt seid.

Wenn euch eure Zeit etwas wert ist,

dann fangt ihr besser an zu schwimmen, oder ihr sinkt wie ein Stein,

denn die Zeiten ändern sich.

Kommt Schriftsteller und Kritiker, die ihr mit dem Stift prophezeit.

Und haltet eure Augen auf, die Chance wird nicht wieder kommen.

Und sprecht nicht zu früh, denn das Rad dreht sich noch,

und es ist nicht abzusehen, wer genannt wird.

Denn der jetzige Verlierer wird später gewinnen,

denn die Zeiten ändern sich.

Kommt Senatoren, Kongressabgeordnete, bitte beachtet den Aufruf,

bleibt nicht in der Tür stehen, blockiert nicht die Halle.

Denn der, der verletzt wird, wird der sein, der alles aufhält.

Die Schlacht, die draußen tobt,

wird bald an den Fensten rütteln und die Wände erschüttern.

Denn die Zeiten ändern sich.

Kommt Mütter und Väter im ganzen Land

und kritisiert nicht, was ihr nicht verstehhen könnt.

Eure Söhne und Töchter sind jenseits eurer Kontrolle.

Eure alte Straße altert rapide.

Bitte geht runter von der neuen, wenn ihr nicht zur Hand gehen könnt,

denn die Zeiten ändern sich.

Die Linie ist gezogen, der Fluch ist gesprochen.

Der jetzt Langsame wird später schnell sein,

wie die Gegenwart später Vergangenheit sein wird.

Die [bisherige] Ordnung löst sich rasch auf.

Und der Erste jetzt wird später der Letzte sein,

denn die Zeiten ändern sich.

ACHT

Fortsetzung folgt, was das Hauptthema von Kapitel 7 betrifft... Es wird ein Happy End geben, ich bin stark, neue Lebenserfahrungen, neue Lebenseinstellung, Erkenntnisse.... Man lernt nie aus! Aber zu einem späteren Zeitpunkt....

An diesem Wochenende war in Hamburg der G 20-Gipfel. Protest dazu hat Tradition und ist richtig. Die Eskalation der Gewalt ist nicht mehr tolerierbar, die von dem sogenannten Schwarzen Block ausging! Am Anfang machte die Polizei wohl auch nicht alles richtig und stachelte unnötig an. Dies hat aber nichts mit dem Tun des Schwarzen Blocks zu tun. Leider gingen friedliche Aktivisten mit guten Ideen, Musik und Kunst unter. In den Rückblicken späterer Jahre wird nur die hemmungslose Gewaltorgie dieser Idioten sehbar sein. Hamburg war Kriegsschauplatz, es gab Panoramaaufnahmen mit zig Rauchfahnen, wie in einem Kriegsgebiet. Es gab fb-Freunde, die als Anwohner Angst hatten und froh waren, das ihre Kinder zu Hause waren!

Bevor ich einen Songtext der Onkelz bringe.... Nie hätte ich gedacht, einen Songtext der Onkelz in einem meiner Bücher einzusetzen. Mit einer wunderbaren Frau hatte ich 2015 durch eine flapsige Bemerkung wegen der Onkelz, das Ende einer Beziehung eingeleitet, die noch gar nicht bestand und erst seit 2 oder 3 Monaten vorsichtig versuchte zu erblühen. Sie meinte zwar, dies war nicht der Grund, ich denke es war tatsächlich nicht der einzige Grund, aber es war ein Grund... Aber ich schweife ab... Nach dem Text ein Kurzdialog mit einem guten österreichischen fb-Freund unter einem G 20-Posting von mir!

Interpret: Böhse Onkelz

Album: Weiß (1993)

Ich sehe alle gegen alle,

Jeder gegen jeden.

Keine Achtung vor sich selbst,

Keine Achtung vor dem Leben.

Ich sehe blinden Hass, blinde Wut,

Feige Morde, Kinderblut.

Ich sehe braune Scheiße töten,

Ich sehe Dich...

Deutschland im Herbst.

Ich höre weiße Geräusche,

Rassenreine Lieder.

Ich höre hirnlose Parolen,

Von Idioten und Verlierern.

Ich höre die Lügen der Regierung,

Die Lüge eures Lebens.

Die Lüge über uns,

Ich höre Dich...

Deutschland im Herbst.

Alexander W.: Bei solchen Aktionen fällt mir stets zuerst die Songzeile aus "Deutschland im Herbst" von den Onkelz ein:

"...ich höre hirnlose Parolen von Idioten und Verlierern."

Passte schon immer auf alle Formen von Extremismus.

Gerd Steinkoenig Soweit ist es gekommen.... Ich muss einer Songzeile der Onkelz rechtgeben ;-

Alexander W.: Das muss man des öfteren. Es gibt keine vergleichbare Band, die schon lange vor FB und Co. das Kind stets beim Namen nannte und sich kritisch mit Staat und Kirche anlegte. Daher wurden sie ja u.a. auch so nachhaltig mit den Rechtsextremismus-Märchen bekämpft, dass die Fakten bis heute noch nicht überall durchgedrungen sind.

NEUN

2017 sind Wahrheiten und Lügen schwer zu unterscheiden. Propagandakriege aller Medienart, Cyberweltkrieg mit Wahlbeeinflussungen und Stillegungen ganzer Netze mit Trojaner usw.: Goebbels, der Godfather of Propaganda wäre stolz auf die heutigen Weltstrippenzieher. Es ist interessant, wie für die BTW 2017 die Ereignisse um den G 20 propagandistisch und wahltaktisch ausgenutzt werden, wie Worte aus dem Zusammenhang gerissen werden, ohne auf langzeitige Lösungen zu setzen. Dies gilt für alle Probleme, statt langfristig über die Legislaturperiode hinaus zu planen, geht es nur um kurzfristigen Machterhalt, dadurch entwickeln sich unzählige Flickenteppiche - von der Rente bis zur Infrastruktur, vom Arbeitsmarkt bis zur Sicherheit der Bürger... Egal, ob CDU/CSU, SPD oder FDP, ob Die Linke, Die Grünen oder die AfD, die Denkweise ist ähnlich. Die momentanen Situationen mit Globalismus, Terror in den europäischen Städten, Nationalismus und Populismus, Syrien und Nordkorea, Trump und Putin usw. bringen viele junge Leute zurück oder erstmalig zur Politik, und das ist gut! Leider sind diese Umstände nötig, das sich die jungen Generationen wieder politisieren, ob durch Parteiarbeit, Protest oder Kunst/Musik. Was die Parteien betrifft: mir scheint, als würde sich der Mitte-Einheitsbrei ein bisschen auflösen, neue ideologische Fronten z.B. zwischen SPD und CDU/CSU, das wäre ein Gewinn für die politische Kultur. Natürlich besteht die Möglichkeit, das nach der BTW der Mitte-Brei wieder zusammenpappt... Gespannt darf man auf die AfD sein, denn der erstmalige Einzug in den Bundestag steht quasi fest. Dann müssen sie liefern... Die Linke - immer noch meine Partei, immer noch Member - wird sich mit ihren Forderungen nicht durchsetzen können, z.B. Abschaffung von Hartz IV bzw Abschaffung der demütigenden, existenzgefährdenden Sanktionen...

In den ersten Jahrzehnten der Bonner Republik waren Politiker tatsächlich aus dem Volk und keine Berufspolitiker, wie es sie immer öfter gibt. Dadurch -viele im 2. Weltkrieg gekämpft - hatten die Bundestagsabgeordneten echte Gegensätze, echte Ideologien, das Ohr noch auf dem Maul des Volkes. Legendär die Schlachten zwischen Wehner (SPD) und Strauß (CSU) -

schaut bei you tube nach... Beim BTW-Kampf 1976 saßen Kanzler Schmidt (SPD),
Herausforderer Kohl (CDU), Strauß (CSU) und Genscher (FDP) -das waren die damaligen
Parteien im Bundestag - für die Fernsehdiskussion an einem Tisch, mit Alkohol und
Zigaretten, da wurde Tacheles geredet. Da gab es keine Zeitlimits oder nur Kanzlerduell oder
4 Fragensteller aus 4 Sendern, nein, da war Powerdiskussion pur, das die Fetzen flogen -
auch da, siehe you tube...

Die Ostpolitik von Brandt (SPD), "wir wollen ein bisschen mehr Freiheit wagen", die 1968er,
Rudi Dutschke, ich interessierte mich früh für Politik, auch wenn die genannten Ereignisse
bisschen vor meiner Zeit waren, faszinierten sie mich und es war ein Fluss mit den
folgenden Erkenntnisse durch meine Schullehrerin aus Kapitel 6. Dann gehörte ich 1983 zu
den 5,6 %, die Die Grünen im Bundestag debutieren ließen. Damals ein MUSS und zur
richtigen Zeit. Endlich wurde was für die Umwelt getan, Atomkraft - Nein Danke,
"langhaarige Bombenleger" in Jeans und strickende Frauen im Bundestag... Später Joschka
Fischer - vom Steinewerfer zum Außenminister! Heute sind die meisten Grünen spießiger
und konservativer als manche in der CDU oder CSU... In Kapitel 7 hab ich ja den Dylan-Text:
die Zeiten ändern sich...

Vor Jahren war ich kurzfristig in einer Partei (AViP), die sich über fb gründete und ich schrieb
das Drogenprogramm (nach meinem ausscheiden - die waren mir zu rechts - wurden große
Teile mit meiner Erlaubnis übernommen). Seit 2013 bin ich nun in Die Linke - da ist wahrlich
im Programm auch viel Quatsch dabei, aber Sahra Wagenknecht und Co. sind mir am
Nächsten: die stehen wirklich für mehr soziale und gesellschaftliche Gerechtigkeit!

ZEHN

Der Traum Ist Aus Lyrics Ton Steine Scherben

Album Keine Macht für Niemand

Ich hab geträumt, der Winter wär vorbei,

du warst hier und wir war'n frei

und die Morgensonne schien.

Es gab keine Angst und nichts zu verlieren.

Es war Friede bei den Menschen und unter den Tieren.

Das war das Paradies.

Der Traum ist aus! Der Traum ist aus!

Aber ich werde alles geben, dass er Wirklichkeit wird.

Aber Ich werde alles geben , dass er Wirklichkeit wird.

Ich hab geträumt, der Krieg wär vorbei,

du warst hier, und wir war'n frei

und die Morgensonne schien.

Alle Türen war'n offen, die Gefängnisse leer.

Es gab keine Waffen und keine Kriege mehr.

Das war das Paradies!

Der Traum ist aus! Der Traum ist aus!

Aber ich werde alles geben, dass er Wirklichkeit wird.

Aber Ich werde alles geben , dass er Wirklichkeit wird.

Gibt es ein Land auf der Erde,

wo der Traum Wirklichkeit ist?

Ich weiß es wirklich nicht.

Ich weiß nur eins und da bin ich sicher,

dieses Land ist es nicht. Dieses Land ist es nicht.

Dieses Land ist es nicht. Dieses Land ist es nicht.

Der Traum ist ein Traum, zu dieser Zeit,

doch nicht mehr lange, mach dich bereit

für den Kampf um's Paradies!

Wir haben nichts zu verlieren außer unserer Angst,

es ist unsere Zukunft, unser Land.

Gib mir deine Liebe, gib mir deine Hand.

Der Traum ist aus! Der Traum ist aus!

Aber ich werde alles geben, dass er Wirklichkeit wird.

Aber Ich werde alles geben , dass er Wirklichkeit wird.

Wirklichkeit...

Zu Beginn der 1970er.... Ton Steine Scherben... Rio Reiser... Was waren sie ihrer Zeit voraus bzw. haben damals schon den Durchblick gehabt. John Lennon träumte zur selben Zeit in "Imagine", TSS stellten fest! Und dann gab es noch die Realität von Pink Floyd: vorallem die Alben "Dark Side Of The Moon" und "The Wall" reflektierten in den 70ern Gedanken über Verlust, Einsamkeit, Reise ins eigene Gehirn, Zeit, Vater, Krieg, Schule, Gesellschaft... Mutter, musste die Mauer SO hoch sein:

Mother Songtext Übersetzung (Pink Floyd 1979)

Mutter, glaubst Du, Sie werden die Bombe abwerfen?

Mutter, denkst Du, ihnen wird mein Song gefallen?

Mutter, glaubst Du, Sie werden versuchen mir den Arsch aufzureißen?

Mutter, soll ich mich dagegen abschotten?

Mutter, soll ich für das Präsidentenamt kandidieren?

Mutter, kann ich der Regierung trauen?

Mutter, werden Sie mich als Kanonenfutter verheizen?

Ist das nicht alles ein sinnloses Unterfangen?

Leise Kindchen, leise, weine nicht.

Deinen Mama wird schon dafür sorgen,

dass deine Alpträume wahr werden.

Deine Mama wird es schon schaffen,

all ihre inneren Ängste auf Dich zu übertragen.

Deine Mama wird dich schon unter ihren Fittichen halten.

Sie lässt Dir keine Luft zum Atmen, aber sie könnte dich singen lassen.

Deine Mama wird es dir kuschelig und warm bereiten.

Oooh Kindchen Oooh Kindchen Oooh Kindchen

Natürlich helfe ich dir, dich einzumauern!

Mutter glaubst Du, sie ist gut genug

für mich?

Mutter, denkst du etwa, sie ist gefährlich

für mich?

Mutter, wird sie deinen kleinen Jungen in Stücke reißen?

Mutter, wird sie mir das Herz brechen?

Los jetzt, Kleiner, weine nicht!

Mama wird sich all deine Freundinnen genau ansehen!

Mama wird keine schmutzigen Mädchen durchgehen lassen!

Mamas wird aufbleiben, bis du nach Hause gekommen bist!

Mama wird immer herausbekommen, wo du warst!

Mama wird Dich, Kindchen, immer gesund und sauber halten

Ooooh Kleiner Ooooh Kleiner Ooooh Kleiner

Du wirst immer mein Baby für mich sein

Mutter, musste die Mauer SO hoch sein?

ELF

Wenn in den 70ern oder 80ern des 20. Jahrunderts

autonomer Straßenkampf war, dann gab es eine Ideologie

2017 - wie beim G 20 in Hamburg - sind es Polithooligans

denen Politik scheißegal ist, Hauptsache Kriegsaction

Einige wenige Menschen beherrschen die Masse

Zumindest lassen es die Meisten mit sich machen

"Wir können ja eh nichts ändern" (Zitat meiner Eltern)

Doch! Man kann es wenigstens versuchen

Leider laufen viele falschen Propheten hinterher

Massenmedien werden prinzipiell als Lügenverbreiter gebasht

Selbsternannten Wahrheitsverkündern wie Ken FM

AfD oder Pegida wird nachgerannt

Die Regierungen tragen dazu bei

durch Bürgerferne, Politphrasen, Machtegoismus

Was wäre Deutschland ohne freiwillige Helfer

in Vereinen, Sozialeinrichtungen, Flüchtlingsaufnahmen?

Einige wenige Menschen beherrschen das Geld

Wer das meiste Geld hat bestimmt die Regeln

darunter leiden in Deutschland Arme, Arbeitslose, Geringverdiener

in Afrika leidet der ganze Kontinent

Die Welt wird durch technische Quantensprünge komplizierter

Computer bestimmen immer mehr Beruf und Alltag

die zurückgebliebenen Nichtversteher müssen mitgenommen werden

die Politik darf den normalen Arbeiterjob nicht vergessen

Bedingungsloses Grundeinkommen für Alle! DIE Lösung!

Werden CDU/CSU aber nie kapieren, nur das kann aber der Weg sein

Dies wäre mehr Freiheit, weniger Druck, mehr Leben

die Gesellschaft wäre zufriedener, glücklicher...

ZWÖLF

"Die wilden Siebziger" war eine geile US-Comedyserie von 1998 - 2006, die frappierend echt
die 70er rüberbrachte. Da gab es einige Szenen und Episoden, die mich an meine
Rodenbacher Clique in den 70ern erinnerte...

In den 1970ern waren Vergangenheit/Gegenwart/Zukunft versammelt! Ich vermute, in
keiner Dekade wurden mehr Genres in der Musik geboren, wurden mehr Genres verfeinert,
gab es mehr Stile, die Musik der Zukunft vorbereiteten.

Anfang der 70er kreirte sich die erste, eigenständige TeenMusik. Natürlich war 50er-Rock n
Roll, reine TeenMusik, in den 60ern waren The Beatles, The Rolling Stones oder The
Monkees TeenHelden. Aber Anfang der 70er war es spezielle TeenMusik, die nur von Teens
konsumiert wurde: Middle Of The Road, The Sweet, T. Rex, David Cassidy, Suzi Quatro,
Slade.... 1975 entstand der Prototyp der heutigen BoyGroups: Bay City Rollers.

Es war die Zeit des GlamRock mit T. Rex, David Bowie, The Sweet.... - das verwob sich
größtenteils mit der damaligen TeenMusik.

ProgRock (damals auch Kulturrock genannt) bezeichnete Musik von Bands wie Genesis (bis
1980...), Pink Floyd, Yes, Emerson Lake & Palmer, Gentle Giant, Rare Bird, Van der Graaf

Generator, King Crimson, Alan Parsons Projekt, stellenweise auch Supertramp oder Manfred Mann´s Earthband... Im Nachhinein könnte man es als die E-Musik des Rock betiteln. Lange Songs, perfekte Instrumentbeherrschung, lange Solis mit Keyboard oder Gitarre, surrealistische Texte waren z.B. Attribute des ProgRock. Lange Songs waren natürlich kein Muss, wie z.B. viele Songs des Genesis-Albums "The Lamb Lies Down On Broadway" (1974) beweisen. Der endgültige Startschuss zu meiner LP-Sammlung 1976 war dem ProgRock zu verdanken, Genesis, Pink Floyd, Yes... Damals gehörten zu meinen ersten Alben auch das Weiße Album der Beatles, die Untitled von Led Zeppelin, die Ballhaus Pompös von Udo Lindenberg, die Made In Japan von Deep Purple und K-Tel bzw Arcade-Sampler...

Später erweiterte sich die LP-Sammlung mit Sachen von Kate Bush bis The Police bis Cheap Trick oder die Rolling Stones, Linda Ronstadt, David Bowie, Scorpions, Queen, AC/DC usw usw....

Meine Lieblingsalben sind hauptsächlich aus den Anfangsjahren meiner LP-Sammlung: allen voran "The Dark Side Of The Moon" von Pink Floyd oder weitere Floyd-Alben wie "The Wall", "Animals", "Wish You Were Here"..., Genesis-Alben wie die genannte "Lamb", die "A Trick Of The Tail", die "Wind & Wuthering" oder "...and then there were three"... Eine gute Übersicht diverser Art (nicht nur aus den 70ern) bietet sich in meinem Buch "Blood On The Rooftops" (Januar 2017) an: die 44 empfehlenswerten LPs (notiert 1983), diverse Albumlisten, das Kapitel SONGS, die STORY OF ROCK, die Genesis-Notiz "Mad Man Moon" usw. Check It Out!

Ach ja, die Stile und Genres der 70er! Nach dem Soul von Isaac Hayes oder den Temptations oder Curtis Mayfield, Alben wie "What´s going On" von Marvin Gaye, explodierte die Disco-Welle. Höhepunkt war der Film "Saturday Night Fever". DiscoStars waren die Bee Gees, Donna Summer, Tavaras, K.C. & The Sunshine Band, Village People, George McCrae, Earth Wind & Fire, Gloria Gaynor, Patrick Hernandez, Amii Stewart, Chic, Sister Sledge, Boney M u.v.a. Ich war damals gerne in Discos, das Ambiente, der Sound, war damals in K-Town echt cool: Old Vienna, Trocadero, KL 2000, um nur drei zu nennen...

1977 war der Höhepunkt des Punk mit den Sex Pistols oder The Clash oder The Ramones, mit 3 Akkorden gegen die Dinosaurier-Bands wie Pink Floyd oder Genesis. Damit waren die Jungs zwar gegen meine Faves, aber ich mochte den Punk. Eigentlich war es nach Rock n Roll und Beatles/Stones/Dylan die dritte große Rockrevolution! Was danach kam, war irgendwie in irgendeiner Form schon da. Ab 1977 gab es im Zuge der New Wave u.a. Sounds The Police, Dire Straits, Blondie, Patti Smith Group, Kate Bush...

Der einzige eigenständige Stil, den Deutschland im Rock hervorgebracht hat, war der Krautrock. Dies war ein Begriff englischer Journalisten, der diverse Strömungen aus Deutschland zusammenfasste, aber bis heute nachwirkt. Noch heute gibt es in US-Plattenläden die Abteilung Krautrock. Bands wie Can, Kraftwerk, Tangerine Dream, Faust, Neu!, Grobschnitt, Guru Guru, Jane, Eloy, Anyone´s Daughter, Novalis, Ton Steine Scherben u.v.a seien genannt. Kraftwerk oder Tangerine Dream dürfen als Wegbereiter des Techno bezeichnet werden. Auch ex-Roxy Music-Keyboarder Brian Eno war seiner Zeit voraus: schon 1973 veröffentlichte er ein Ambient-Album!

Reaggae entstand in seiner heutigen Form schon in den 60ern, aber in den 70ern wurde er zur Massenattraktion durch Bob Marley & The Wailers oder Peter Tosh oder Jimmy Cliff. Marley war in K-Town "uffm Betze" und ich war nicht dabei! Ärgert mich heute noch, lach... Dillinger mit "Cocaine In My Brain" wäre noch zu nennen: ein bestimmter DJ im Old Vienna unterbrach immer sein Programm, wenn ich die Tür hereinschneite, um diesen Song aufzulegen. Ich kapier bis heute nicht, warum...

Hardrock und Metal brachte in den 70ern seine größten Klassiker heraus: Black Sabbath mit "Paranoid", Deep Purple mit "Smoke On The Water" oder "Highway Star" oder "Child In Time", Led Zeppelin mit "Rock n Roll", "Kashmir" oder "Stairway To Heaven", Scorpions mit "Lovely Sunday Morning", Uriah Heep, Foreigner, Toto, Boston, AC/DC, Aerosmith, Blue Öyster Cult, Rush, Motörhead, Grand Funk u.v.a., welch großartige Hard n Heavy-Time...

Die 70ern hatten es in sich, Elvis Presley oder Bob Seger, Kiss oder Hot Chocolate, Abba oder Frank Zappa, Jethro Tull oder Neil Young oder Bruce Springsteen oder Elton John oder Carly Simon oder Ike & Tina Turner oder Stevie Wonder oder Santana oder Little Feat oder Diana Ross oder Janis Joplin oder Jimi Hendrix oder Smokie oder Wings oder Baccara oder "Hotel California" von den Eagles, Peter Frampton, Roberta Flack oder E.L.O. oder die Rubettes oder Chic oder 10cc, ZZ Top oder was weiß ich! Die Bandbreite der 70er Jahre-Musik ist unerschöpflich. Sicherlich liegt es z.T. auch daran, das durch meine Geburt 1959, die 70er die Glanzzeit meines musikalischen Interesses durch Charts und TV-Musikshows und Bravo und Musikexpress und Musikjoker und Radio (SWR 3-Pop Shop) und Freunde/Kumpels/Kneipen/Discos mit immer neuer Musik war. Aber zu jener Zeit wurde anscheinend die beste Musik kreirt: die meisten Alben der berühmten Rolling Stone-Liste mit den 500 besten Alben aller Zeiten kommen aus den 70ern...

Schade, das die Casetten aus jener Zeit in den Rädern der Zeit verschreddert wurden, meine damalige SinglesSammlung ist bis auf wenigen Ausnahmen auch verschwunden. 1976 z.B. betrat ich ein Plattengeschäft und suchte mir 3 oder 4 Singles aus, die ich über Kopfhörer erst anhören konnte, bevor ich mich entschied.... Ich erinnere mich an Singles wie Miss You/Rolling Stones, Disco Duck/Rick Dees, Born To Be Alive/Patrick Hernandez, Tornero/I Santo California.... Überlebt in meiner Sammlung haben aus jener Zeit Action/The Sweet, Michelle/Girl von den Beatles (Original Odeon-Single), God Save The Queen/Sex Pistols!

Lagerfeuerklampfe mit Neil Young-Songs ("The Needle And The Damage Done"), Hits durch Krimiserien ("I´d love you to want me"/Lobo in "Der Kommissar), Studentenkneipe "Smile" mit immer guten Sounds (Genesis, Frank Zappa, Jethro Tull....) - die 70er hätten noch Geschichten für 100 Kapitel!

Abschließend den Text von "Dreams" aus dem grandiosen Fleetwood Mac-Album "Rumours" (1977)

Dreams Songtext Übersetzung

Jetzt geht es wieder los,

du sagst du willst deine Freiheit,

gut, wer bin ich das ich dich unter Kontrolle halte?

Es ist nur recht, das du es so spielen solltest

wie du es fühlst.

Aber hör gut auf den Klang deiner Einsamkeit,

wie ein Herzschlag der dich verrückt macht.

In der Stille der Erinnerung an das,

was du hattest und was du verloren hast.

Es donnert nur wenn es regnet.

Aufreißer lieben dich nur wenn sie spielen.

Sie sagen Frauen kommen und gehen.

Wenn der Regen dich sauber wäscht,

wirst du es wissen.

Wieder geht es los, kristallklar sehe ich die Vision.

Ich behalte meine Visionen für mich.

Es bin nur ich, die sich um deine Träume legen möchte

und dir alle Träume geben will die du verkaufen willst.

Träume der Einsamkeit, machen dich wie ein Herzschlag verrückt.

In der Stille der Erinnerung an das,

was du hattest und was du verloren hast.

Es donnert nur wenn es regnet.

Aufreißer lieben dich nur wenn sie spielen.

Sie sagen Frauen kommen und gehen.

Wenn der Regen dich sauber wäscht,

wirst du es wissen.

Oh, es donnert nur wenn es regnet.

Aufreißer lieben dich nur wenn sie dir was vorspielen.

Sie sagen Frauen kommen und gehen.

Wenn der Regen dich sauber wäscht,

wirst du es wissen.

Oh, dann wirst du es wissen...

DREIZEHN

Ja, die 70er... Der 1. Raphit (1979) "Rappers Delight" von der Sugarhill Gang, Simon & Garfunkel, Cat Stevens, Joni Mitchell, Rainbow, Nina Hagen Band, Supermax, Kool & The Gang, The Who, Bad Company, Free, BTO, Eric Clapton, J.J. Cale, Lynyrd Synyrd, Jackson Browne, The Carpenters, Commodores, Joy Fleming, Albert Hammond, The Runaways.... - wie erwähnt, die 70er hätten noch Stoff für 100 Kapitel... Aber weiter im Schritt:

Facebook hat u.a. den Vorteil, Menschen der diversesten Art kennenlernen zu können. So ist einer meiner fb-Freunde der Betreiber der Offiziellen Party & Schlagercharts. Grausame Musik mit Künstlern (wie er seine Schäfchen gerne nennt), die 100 Stufen unter Helene und Co sind... Bei einer Diskussion wurde schwadroniert, das zu einem Hit auch schon eine akustische Gitarre und ein guter Text reichen kann. Und wie sich viele "Künstler" bewegen würden, wäre ja unmöglich. Alle Diskussionsteilnehmer waren in dieser Blase aus Mallorca, Apres Ski und Schlagerschiene, als gäbe es NUR diese Musik auf dem Planeten. Der Chartschef meinte dann, das viele "Künstler" mit z.B. 1000 verkauften Platten total unzufrieden wären. Dabei wären es schließlich 1000 Fans. Das inspirierte mich zu folgendem Statement bei der Diskussion:

 Mit den Goldenen Schallplatten ist auch zeitlich relativ! Was braucht man heute? 100 000? 150 000? Früher musste man 500 000 Singles verkaufen für eine Goldene Schallplatte, 250 000 Alben für eine Goldene Schallplatte. Platin: 1 Million (Singles), 500 000 (Alben). Was wäre das heute? 10 mal Platin? So mancher Nr. 1-Hit von heute verkauft weniger, als eine

Nr. 15 von 1980.... Je weniger verkauft wird, umso mehr Verkaufscharts gibt es... Und
apropo Geschmacksache: wenn deutschsprachig, dann Udo Lindenberg, Herbert
Grönemeyer, Söhne Mannheims, Silbermond, BAP, um nur wenige zu nennen... Und apropo
Schlager: Bourani, Bendzko und Co wären damals in Heck´s ZDF-Hitparade aufgetreten,
heute läuft das unter Deutschpop. Schlager muss heutzutage eben Bum Bum machen, ob
Helene, Andrea oder Beatrice, klingt im Endeffekt alles gleich! Da lob ich mir 70er Schlager
ala Marianne Rosenberg, Michael Holm oder Juliane Werding.

Da sind sie wieder, meine 70er, grins... Übrigens: weil dies Kapitel 13 ist, 13 ist mittlerweile
meine Glückszahl, sehr coole Zahl! Aus der Wikipedia dazu ein kleiner Ausschnitt:

Unglücks- und Verschwörungszahl

Dreizehn gilt in vielen Kulturen als Unglückszahl. Die irrationale Furcht vor der Zahl 13 wird
Triskaidekaphobie genannt. Menschen mit dieser Phobie meiden Räume, Stockwerke oder
allgemein die Zahl 13. Diese weit verbreitete Phobie oder Aberglaube geht so weit, dass in
Gebäuden manchmal der 13. Stock „fehlt", also übersprungen wird. In vielen
Passagierflugzeugen wird die 13. Reihe in der Nummerierung ausgelassen. Auch in manchen
Krankenhäusern und Hotels wird auf ein Zimmer Nr. 13 verzichtet, in vielen
Motorsportserien auf die Startnummer 13.

Der dreizehnte Tag eines Monats gilt in westlicher Tradition als Unglückstag, besonders
wenn er auf einen Freitag fällt, siehe Freitag der 13.

„Der Dreizehnte" ist ein Synonym für den Teufel. Eine Anzahl von 13 Teilen wird auch als
Teufelsdutzend bezeichnet.

Im Mittelalter entstandene Gesetze sahen je nach Region drastische Strafen auf das
Nicht-Einhalten von Mindestgrößen und -gewichten vor. Daraus entstand vermutlich der
Begriff eines Bäckerdutzend, bei dem Bäcker für ein Dutzend verlangter Teile
sicherheitshalber 13 Teile, seltener auch 14 Teile einpackten. Sollte eine einzelne Ware
kleiner als vorgeschrieben ausfallen oder sich der Bäcker beim Abpacken zu Ungunsten des
Kunden verzählen, erhielt der Kunde so in Summe immer noch eine mindestens 12 Teilen
entsprechende Menge der Ware und der Bäcker konnte der drohenden Strafe entgehen.

Im Märchen Dornröschen spricht die 13. weise Frau des Landes, die nicht zur
Geburtstagsfeier von Dornröschen eingeladen ist, einen Fluch auf die junge Prinzessin aus.
Hier ist die 13. die überzählige von üblichen 12 guten Feen.

Im Tarot ist die 13 dem Tod (La Mort) zugeordnet.

Die Zahl 13 gilt als Verschwörungs-Zahl auf dem 1-Dollar-Schein. Die Zahl 13 kommt auf
dem Dollar-Schein 13-mal vor, versteckt in Bildern und Texten. Sie symbolisieren jedoch die
13 Gründerstaaten.

Die Zahl 13 war die zuallererst gezogene Zahl bei den deutschen Lotto-Ziehungen „6 aus 49". Seitdem war sie aber in den Samstagsziehungen die seltenste Zahl. In den Mittwochsziehungen kam sie dagegen durchschnittlich oft vor.

VIERZEHN

Hab vorgestern auf facebook einen Versuchsballon gestartet, um eine Diskussion zu entfachen, Meinungen zu erfahren. Mmh, hat nicht wirklich interessiert...: in meiner Chronik - 2 Likes, in der Gruppe Unser Nest - 1 Like, auf meiner Seite Zeitensammler Gerd Steinkoenig - 0 Like. Und Kommentare gab es schon gar nicht! Da erlebte ich auf fb schon andere Zeiten mit hitzigen, stundenlangen Diskussionen. Aber in diesen Times hat die Beteiligung an Politik in Social Media abgenommen - mit dem Nachteil, das Rechte die Meinung im Netz übernehmen...

Gerd Steinkoenig

12. Juli um 23:44 ·

DENK ICH AN DEUTSCHLAND!

12. Juli 2017

Nein, jetzt kommt kein Politiker- oder Polizeibashing wegen dem G 20-Wochenende! Nein, jetzt kommt kein oberflächliches Staats- und Parteienbashing in schlechter Grammatik! Aber nun müssen ein paar Worte der Kritik, ein paar freie Gedanken über "Gott und die Welt" sein. Das Demokratieverständnis der Politiker im Sinne der Freiheitlich-Demokratischen-Grundordnung ist prinzipiell richtig, treibt aber Blüten: mit schlechtem Grundwissen des Grundgesetzes landen viele neuen Gesetze vor dem Bundesverfassungsgericht. Oder die NPD wird vom BVerfG nicht verboten, weil sie zu klein ist um gefährlich zu werden - was ist DAS für ein Spruch? Ich vermute die CSU wird das "Ehe für Alle"-Gesetz vor das Bundesverfassungsgericht zerren. Überhaupt die CSU: ein kleines Volk hinter den Bergen terrorisiert mit unsinnigen Gesetzen (Herdprämie, Maut etc) die gesamte Republik. So wie Seehofer oder Herrmann drauf sind, könnten sie mit der AfD fusionieren, dann wären sie deutschlandweit vertreten... Dann würden sie die CDU mit ihren obskursen Forderungen nicht mehr erpressen. Aber zurück zu richtigen Problemen: es muss möglich sein, das Deutsche Zuständigkeiten Einfluss auf türkischen/muslimischen Religionsunterricht haben, wissen wer in Moscheen spricht, Salafisten und sonstige Demokratiefeinde ausweisen können. Ich bin Member von Die Linke, aber ich finde es richtig wenn Erdogan hier nicht sprechen durfte, er will doch die Deutsch-Türken und Türken nur aufhetzen. Erdogan möchte nicht, das die türkischen Mitbürger sich integrieren. Natürlich weiß ich, das zur Integration zwei Seiten gehören. Die Ablehung und Vorurteile und Klischees z.B. der sogenannten "besorgten Bürger" sind kontraproduktiv. Die Bundesregierungen machen seit Jahrzehnten Fehler in der Integration! Ein Mesut Özil wird immer "der Türke" sein, leider! Allerdings sollte es unbedingt möglich sein, Leute nach Marokko, Algerien, Türkei, wohin auch immer, abschieben zu können, wenn definitive Abschiebegründe vorliegen und vorallem: die Heimatstaaten müssen die Leute auch aufnehmen! Da treibt das Demokratieverständnis von Politiker und BVerfG wieder Blüten: viele Rechtsmittel und Schlupfwinkel schützen diese Menschen vor Abschiebungen. Was zuletzt vor ein paar Wochen war, unschuldige Kinder aus der Schulklasse rauszuzerren zur Abschiebung oder Menschen abzuschieben, die hier arbeiten und Steuern zahlen: totaler Schwachsinn! Ich bin Weltbürger, Europäer, ich liebe alle Menschen aller Rassen! Ich rede nur von Verbrechern, Feinde unseres Staates, Salafisten, Gefährdern, Islamisten, mafiösen Familienclans: von diesen Leuten muss sich Deutschland befreien können! Das bringt die Bürgerinnen und Bürger das Gefühl der Sicherheit zurück, plus wenn zig Tausende neue Polizisten, Juristen eingestellt werden. In unserem Staat läuft vieles richtig und ich will garantiert kein Staat, wie ihn die AfD, Pegida, Reichsbürger und sonstige Spinner gerne hätten! Aber die Politiker sollten langfristig handeln: wegen der G 20-Gewalt dissen sich jetzt die Politiker aller Parteien gegenseitig - es ist Bundestagswahlkampf - anstelle Lösungen vorzulegen, damit solche Ereignisse nicht wieder passieren. Und wie gesagt: langfristige Lösungen! Die Politiker haben die Angewohnheit in Legislaturperioden zu denken, dadurch entsteht auf vielen Gebieten ein Flickenteppich: Infrastruktur, Bildung, Rente, Gesundheitswesen, Sicherheit usw. Der Gedanke "wie komme ich wieder in den nächsten Bundestag" muss verschwinden. In den ersten Jahrzehnten der Bonner Republik kamen die Politiker tatsächlich aus dem Volk, erlebten noch den Krieg, hatten echte gegensätzliche Ideologien. Referenz: auf you tube Wehner (SPD) vs Strauß (CSU) oder die Diskussion im TV zum Bundestagswahlkampf 1976 mit Schmidt (SPD), Kohl (CDU), Genscher (FDP), Strauß (CSU) und Zigaretten/Alkohol und jeder babbelt wann er will ohne Vorgabe - heute unmöglich.... Die Politiker müssen dem Bürger und der Bürgerin und dem Mitbürger Wahrheiten sagen und nichts verschleiern, so kommt das Vertrauen in die Politik am Ehesten zurück. Klimawandel, Hungersnöte, Ölkriege, Religionskriege, IS-Terror, Niederknechtung Afrikas durch EU/USA/China - will damit sagen: natürlich wird die nächste Flüchtlingswelle eintreffen, früher oder später. Schon jetzt werden die momentanen Flüchtlinge nicht ewig in den Lagern in der Türkei oder Jordanien bleiben. Dazu brauchen wir ein Einwanderungsgesetz (natüüürlich sind CDU/CSU dagegen), um einen echten Plan zu haben. Am Wichtigsten wäre aber endlich die Fluchtursachen zu bekämpfen - wird schwierig mit Leuten wie Trump und Putin...

FÜNFZEHN

Sooo, zur kleinen Auflockerung ein Quiz, 15. Kapitel - 15 Fragen, die Antworten findet Ihr am Schluss des Buches.... Viel Spaß!

1. Navi CIS hat die Spin Off-Serien Navi CIS: L.A. und Navi CIS: New Orleans. Was viele nicht wissen: Navi CIS ist selbst eine Spin Off-Serie! Von welcher Serie?

2. Nenne 5 Songs, die das Wort "love" enthalten!

3. Welche Tennisspielerin war die erste Deutsche, die Wimbledon gewann?

4. Nenne 5 britische Fernsehserien!

5. In welchem Jahr stieg Peter Gabriel als Sänger/Songschreiber/Flötist von Genesis aus?

6. Wie heißt der Schauspieler, der Shaft im Original-Film "Shaft" darstellt?

7. Wer spielte die Jeannie in der 60er-Serie "Bezaubernde Jeannie"?

8. Wie heißt der Nachfolgefilm von "Haie der Großstadt"? (wieder mit Paul Newman in der Hauptrolle)

9. Nenne die Ehrenspielführer der Deutschen Fußball-Nationalmannschaft!

10. Wer sang das Original des Elvis Presley-Hits "Hound Dog"?

11. Wie heißt das Blues-Album, das die Rolling Stones 2016 veröffentlichten?

12. Nenne 5 Alben aus dem Jahr 1987!

13. Wie heißen die berühmten Schauspieler-Eltern von Moritz Bleibtreu?

14. Wie heißt die frühere Band von Gwen Stefani?

15. Welche große Schauspielerin war die Ehefrau von Humphrey Bogart?

SECHZEHN

LIEBE IST ALLES heißt das Buch...

"Liebe ist alles" - Rosenstolz

Hast du nur ein Wort zu sagen

Nur einen Gedanken dann

Lass es Liebe sein

Kannst du mir ein Bild beschreiben

Mit deinen Farben dann

Lass es Liebe sein

Wann du gehst

Wieder gehst

Schau mir noch mal ins Gesicht

Sag's mir oder sag es nicht

Dreh dich bitte nochmal um

Und ich seh's in deinem Blick

Lass es Liebe sein

Lass es Liebe sein

Hast du nur noch einen Tag

Nur eine Nacht dann

Lass es Liebe sein

Hast du nur noch eine Frage,

die ich nie zu fragen wage dann

Lass es Liebe sein

Wann du gehst

Wieder gehst

Schau mir noch mal ins Gesicht

Sag's mir oder sag es nicht

Dreh dich bitte nochmal um

Und ich seh's in deinem Blick

Lass es Liebe sein

Lass es Liebe sein

Das ist alles was wir brauchen

Noch viel mehr als große Worte

Lass das alles hinter dir

Fang nochmal von vorne an

Denn

Liebe ist alles

Liebe ist alles

Liebe ist alles

Alles was wir brauchen

Liebe ist alles

Liebe ist alles

Liebe ist alles

Alles was wir brauchen

Lass es Liebe sein

Das ist alles was wir brauchen

Noch viel mehr als große Worte

Lass das alles hinter dir

Fang nochmal von vorne an

Denn

Liebe ist alles

Liebe ist alles

Liebe ist alles

Alles was wir brauchen

Lass es Liebe sein

Lass es Liebe sein

Und liebe Grüße an.... Herzchen-emojl

Das Beste Songtext (Silbermond)

Ich habe einen Schatz gefunden

Und er trägt Deinen Namen

So wunderschön und wertvoll

Und mit keinem Geld der Welt zu bezahlen

Du schläfst neben mir ein

Ich könnt' dich die ganze Nacht betrachten

Sehn wie du schläfst hör'n wie du atmest

Bis wir am Morgen erwachen

Du hast es wiedermal geschafft

Mir den Atem zu rauben

Wenn du neben mir liegst

Dann kann ich es kaum glauben

Das jemand wie ich

Sowas schönes wie dich verdient hat

Dut das Beste was mir je passiert ist

Es tut so gut wie du mich liebst

Vergess' den Rest der Welt

Wenn du bei mirt

Dut das Beste was mir je passiert ist

Es tut so gut wie du mich liebst

Ich sag 's dir viel zu selten

Es ist schön, dass es dich gibt

Dein Lachen macht süchtig

Fast so als wär' es nicht von dieser Erde

Auch wenn deine Nähe Gift wär'

Ich würde bei dir sein solange ich sterbe

Dein Verlassen würde Welten zerstören

Doch daran will ich nicht denken

Viel zu schön ist es mit dir

wenn wir uns gegenseitig Liebe schenken

Betank mich mit Kraft

Nimm mir Zweifel von den Augen

Erzähl mir Tausend Lügen

Ich würd' sie dir alle glauben

Doch ein Zweifel bleibt

Dass ich jemand wie dich verdient hab

Dut das Beste was mir je passiert ist

Es tut so gut wie du mich liebst

Vergess' den Rest der Welt

Wenn du bei mirt

Dut das Beste was mir je passiert ist

Es tut so gut wie du mich liebst

Ich sag 's dir viel zu selten

Es ist schön, dass es dich gibt

Wenn sich mein Leben überschlägt

Bist du die Ruhe und die Zuflucht

Weil alles was du mir gibst

Einfach so unendlich gut tut

Wenn ich rastlos bin

Bist du die Reise ohne Ende

Deshalb leg ich meine kleine große Welt

In deine Schützenden Hände

Dut das Beste was mir je passiert ist

Es tut so gut wie du mich liebst

Vergess' den Rest der Welt

Wenn du bei mirt

Dut das Beste was mir je passiert ist

Es tut so gut wie du mich liebst

Ich sag 's dir viel zu selten

Es ist schön, dass es dich gibt

Ich sag 's dir viel zu selten

Es ist schön das es dich gibt

SIEBZEHN

Meine Katze Molly taucht immer wieder in meinen bisherigen Büchern auf... Natürlich darf
sie gerade in DIESEM Buch nicht fehlen, lach! Die Geschichten gehen ja nicht aus...

Sie ist gerne die Diva, es ist ihr nicht jedes Futter recht, sie meckert gerne über dies und das,
sie beschwert sich wenn ich mir erlaube von meinem Platz aufzustehen, trotzdem hört sie,
auch wenn sie macht was sie will... Wie sage ich zu Molly immer: "Du bist das hübscheste,
bravste, intelligenteste, cleverste, liebste, treueste Katzenmädchen auf der ganzen Welt"
oder so ähnlich, und sie glaubt das und benimmt sich so. Ist ihr langweilig und schläft mal
nicht und ich habe keine Zeit, läuft sie in der Wohnung im Fünfeck und jagt sich selbst. Aber
im Ernst: Die "Nr. 1" passt sich jeder Situation an! Sie war es fast 10 Jahre gewöhnt in ihrem
Revier rumzutollen mit Gärten, Bäumen, Sträuchern, Vögeln, anderen Katzen, und ist nun
halt eine Hauskatze geworden: das neue "Revier" mit zu vielen Autos usw ist ihr nicht
geheuer, da hat sie Angst. Auch wenn sie in den letzten 2 Jahren 7 oder 8 mal draußen war,
in ihrer alten Location war sie es quasi jeden Tag. Das schockt mein Kätzchen aber nicht,
dann werde ich halt mehr geärgert! Wir sind schon ein tolles Team, ha ha ha! Und
schließlich ist die kleine Diva eine Berühmtheit: auf fb hat sie ihre eigene Seite - Gerd's
Katze Molly hat ihre eigene Seite! Fotogen ist sie ja und es ist ihr durchaus bewusst, wenn
sie fotografiert wird, dementsprechend bringt sie sich dann in Stellung - Fotos müssen ja gut
aussehen, was sollen sonst die Leute denken, lach.... Außerdem ist sie auf dem Titel eines
meiner Bücher und in meinen TV-Musikshow-Episoden von SMOKE - das Musikcafe taucht
sie auch auf!

Molly - und viele andere Tiere die ich kenne oder außerdem als Haustiere hatte - ist der
beste Beweis, das Tiere eine Seele haben. Zumindest bei Säugetieren bin ich mir sicher, oder
bei Wirbeltieren. Bei Fliegen oder so kann ich es mir einfach nicht vorstellen. Gesten,
Reaktionen, emotionale Intelligenz, Gespräche usw mit Molly sagen mir, das sie definitiv
eine Seele hat. Immer wieder erlebe ich mit ihr Minuten, da starrt sie lange auf einen Punkt:
keine Mücke, keine Ablenkung, kein Regentropfen, nix, sie starrt urplötzlich auf einen
Punkt... Schaut sie da in die 3. Dimension? Ist dies der Blick ins Paralelluniversum? Oder holt
sie sich neue Befehle von der Katzengöttin, lach...Wie sie damals fauchend in Kampfstellung
den Fuchs verjagte, wie sie die Taube riss, wie sie vor dem roten Katerbastard abhaute (und
hinter dem Baum hervorlugte), wie 5 oder 6 Katzen - inkl. Molly - ihr Revier absteckten
(keine bewegte sich über eine Ewigkeit), die Streichel- und Schmusemomente wenn sie sich

räkelt und streckt und schnurrt, wie brav sie - und alle Tiere allgemein - beim Tierarzt war...,
wie sie auf die Bäume und Äste kletterte und die Vögel ärgerte, wie stolz sie mich anmiaute
um ihre erste gefangene Maus zu zeigen usw. etc. , gibt tolle Erlebnisse und Momente mit
meiner Katze Molly....

ACHZEHN

Idylle...

Sonntags, Wohnzimmerfenster geöffnet

Hier ist ein Nachbar nah

Häusernähe, Wohnzimmernähe über die Straße

Das Baby gegenüber schreit, die Mama hantiert in der Küche

Die Dorf-Durchgeknallte von gegenüber humpelt Richtung Gehweg

Der Motorradausflug braust donnernd vorüber

"Fenster zum Hof"-Geräusche, Kirchenglocken, Menschengemurmel

Montags, Wohnzimmerfenster geöffnet

Ich schaue auf das Treiben, meine Katze auch

Die Dorf-Durchgeknallte hat schon ihre Gehweg-Stellung bezogen

In der Bäckerei ist ein ständiges kommen und gehen

Die Parkplätze sind überfüllt, die Straße auch, die Woche erwacht

Die Sonne spiegelt sich an den Fenstern und Giebeln

Die Alte aus dem Nachbarhaus schaut aus dem Fenster

Nachts, ich liege im Bett

Herbststürme pfeifen bedrohlich durch die schmalen Gassen

Fachwerkhäuser, Tourismus, Geschäftsleerstände

Die Zeit ist nicht stehengeblieben trotz Idylle und Städtchenambiente

Wald, Berghügel und Burg Trifels umgeben das Örtchen

Drachenflieger chillen in der Luft

Ich lebe im Paradies

NEUNZEHN

Gestern Nacht sah ich den Fantasy-Film "Angriff der Dinosarier" (1976) mit Doug McLure. McLure spielte den Trampas in der Westernserie "Die Leute von der Shiloh Ranch", dessen Deutsche Erstausstrahlung am 8.11.1970 im ZDF begann. Solche abgefahrenen B-Movies werden leider nicht mehr produziert. Die Darstellung der Saurier war geradezu lächerlich, es handelte wieder mal um eine Existenz im Innern der Erde, die Sklaven befreiten sich von ihrer Unterdrückung (die natürlich erst mit dem Eintreffen von "Trampas" begann), die typische 70er Jahre Thrill-Musik auf Hippieart, stellenweise erinnerte die Szenarie an die Star Trek-Urserie mit Shatner. Und ich sage euch, es war herrlich! Keine stromlinienförmige Perfektion, keine Wichtigtuerei, einfach ein Film zur Unterhaltung. Das ist heutiges Popcorn-Kino auch, aber die nehmen sich und ihre Produkte zu ernst! Wahrscheinlich haben sich die Leute damals beim Dreh köstlich amüsiert...

In der Rock- und Popgeschichte verhält es sich genauso. Heutige Musikauftritte im Fernsehen ähneln sich alle, da alle nach dem gleichen Schema in Kameraführung, Performance, Stromlinienförmigkeit der Songs, Mainstream pur! In den 50ern bis 70ern, auch noch 80er, war diesbezüglich alles möglich. Musikshows waren experimentell, offen, boten neuen Musikern Chancen. Hier wurden die Charts gespielt, aber eben auch - für heutige Zeiten - Ungeheuerlichkeiten: ich erinnere mich an einen Auftritt von The Tubes im ZDF, der 2017 nie und nimmer möglich wäre (trotz Realityshows, RTL II usw), oder an David Peel ("The Pope Smoke Dope"), den ich zuletzt auf you tube entdeckte, wo er mit John Lennon & Yoko Ono 2 Fans als Performancegäste hatte.

https://youtu.be/ThUkPscsUEU Hippie From New York City (David Peel And The Lower East Side, feat. John Lennon, Yoko Ono) 1971

https://youtu.be/qJfbO-iBkZI White Punks On Dope (The Tubes) 1982

White Punks On Dope ist übrigens das Original von "TV Glotzer" der Nina Hagen Band. Und da wäre ich beim legendären Rockpalast. Den gibt es in seiner jetzigen Form heute immer noch, aber in den 70ern und 80ern kamen die Rockstars zum Rockpalast und nicht - wie heute - der Rockpalast zu den Festivals. Viele heutige Legenden hatten dort ihre 45 Minuten-Konzerte, wie eben die Nina Hagen Band. Spektakulär dann die Rockpalast-Nächte mit 3 Bands, die jeweils ein komplettes Konzert spielten. Dabei waren z.B. Rory Gallagher,

Little Feat, Spirit, Peter Gabriel, BAP, The Undertones, ZZ Top u.a. Nur einmal gab es 2
Bands: dies waren gleich Grateful Dead und The Who! Die Konzerte begannen ca 23h30 und
endeten morgens um 5h30 oder noch später! Die Übertragung lief live aus der Essener
Grugahalle in der ARD und weiteren Sendeanstalten in halb Europa...

Die "normalen" Musikshows "für junge Leute" waren der Beat-Club (in den 60ern die erste
Rockmusik-Sendung, mit Jimi Hendrix, Led Zeppelin, The Who, Kinks, Rolling Stones....).
Außerdem in den 70ern z.B. der Musikladen (Disco, Pop, Rock, von Baccara, Abba oder Bay
City Rollers oder Boney M bis Police, David Bowie oder Meat Loaf oder Motörhead), Disco
(mit Ilja Richter, Pop und Schlager, von The Sweet oder Suzi Quatro bis Udo Jürgens oder
Marianne Rosenberg), Rockpop, Plattenküche, Bananas, Musik aus Studio B, Starparade,
ZDF-Hitparade....

Beat-Club und Musikladen waren wie die Rockpalast-Nächte auch in der ARD zu sehen...
Was ist nur musikalisch aus diesem Sender geworden: nur noch Musiksendungen mit
seichter Schlager- und Volksmusik... ARD und ZDF waren vor der Zeit der Privatsender wie
Pro 7 oder RTL im TV-Serien-Bereich - logischerweise, gab ja nix anderes - innovativ: und
haben doch beschissen... Aber dazu später...In den 60ern liefen z.B. US-Serien wie 77 Sunset
Strip, Mannix, FBI, Bezaubernde Jeannie, Lassie, Daktari, Flipper, Percy Stuart, Raumpatrollie
Orion usw, in den 70ern z.B. Die Straßen von San Francisko, Columbo, Einsatz in Manhattan
(Kojak), Petrocelli, Der Bastian, Follyfoot Farm, Cannon, Detektiv Rockford - Anruf genügt,
Die Zwei, Raumschiff Enterprise usw, in den 80ern ging es weiter z.B. mit Miami Vice, Dallas,
Denver-Clan und und... Bei manchen Serien weiß ich nicht mehr, war es 70er oder 80er oder
beides: Starsky & Hutch, Die Profis, Hill Street Blues... Nun, dies und viel mehr (Vegas, Drei
Engel für Charly, Ein Colt für alle Fälle, Bugs Bunny, Familie Feuerstein, Mit Schirm Charme
und Melone...), lief in jener Zeit in ARD und ZDF. Dummerweise - jetzt komme ich zum
Beschiss - wurden in der Serie "Eine amerikanische Familie" ein Drittel der Serie (die
mittleren Folgen) einfach weggelassen, bei "Kobra übernehmen Sie" fehlen ebenfalls
Episoden, bei "Columbo" hatte die ARD in den 70ern die Folgen von 70 auf 45 Minuten
gekürzt usw. Die Privaten zeigten z.B. Kobra übernehmen Sie oder Columbo dann komplett.

Trotzdem waren die 60er bis 80er die besten Fernsehzeiten. Keine Werbung unterbrach die
Serie! Am nächsten Tag in der Schule oder auf der Arbeit hatte man ein Thema: "Haste
gestern gesehen...". Dies galt nicht nur für Serien, sondern auch für Samstagabend-Shows,
Spielshows, Musiksendungen, Fußball usw. Damals war es noch möglich zu sagen "Haste
gestern gesehen", weil es eben nur 2 bzw 3 Programme gab. Kein Überangebot, kein
Ausschluss von Serien oder Sport wegen Pay-TV, keine 100 Programme, kein Internet...
Herrliche Zeiten... Aber ich möchte nicht in der Vergangenheit schwelgen, natürlich
überwiegen die Vorteile des heutigen Fernsehgenusses. Allerdings - wie überall in den
Medien - Uniformierung, Stromlinienförmigkeit, nur wenige Serien die sich wirklich abheben
wie z.B. "Sherlock" oder "Sons Of Anarchy". Was hatte ich im Internet zu tun, bis ich
kostenlos "SoA" glotzen konnte. Es liefen ja nur die ersten 3 Staffeln im Free-TV. Ein klarer
Nachteil von Fernsehen 2017: 90 % der qualitativ besten Serien laufen im Pay TV, auf netflix,
auf amazon...

Ich finde, um den Lifestyle und den Zeitgeist der 70er und 80er in Deutschland zu verstehen, sollte man deutsche Krimiserien schauen: Der Kommissar, Derrick, Tatort, Der Fahnder, Ein Fall für Zwei, Der Alte, DDR-Polizeiruf 110...

ZWANZIG

In Kapitel 7 angeschnitten: heute habe ich gesiegt! Es wurde festgestellt, das ich schuldlos war! Viele Gedanken gingen mir durch den Kopf, ich habe daraus gelernt und die wochenlange Situation hat mich gestärkt. Ich werde in Zukunft manche Lebensaufgaben anders handhaben. Im gewissen Sinne war es ein Einschnitt in meinem Dasein, weil mir neue Wege des Lebens bewusst wurden. Und ich habe erneut gemerkt, welch tolle Freunde ich in Annweiler habe - die Besten! In all der Zeit behielt ich meine innere Ruhe - natürlich mit der Situation im Hinterstübchen - aber ich behielt meine innere Ruhe. So relativ cool wäre dies in der alten Heimstett K-Town nicht abgelaufen... Annweiler bringt mich seit gut 2 Jahren weiter in meiner Entwicklung - besser ist das :-D

EINUNDZWANZIG

Leise sagte ein Mann: „Gott, sprich zu mir."

Eine Nachtigall fing an zu singen. Der Mann hörte es aber nicht.

So rief der Mann: „Gott, sprich zu mir!" Ein Donner grollte am Himmel über ihm. Wieder hörte der Mann nicht zu.

Dann bat der Mann: „Gott, zeig dich mir." Die Sterne fingen an, hell zu leuchten. Aber der Mann schenkte ihnen keine Beachtung.

Der Mann rief lauter: „Gott, zeig mir ein Wunder!" Es wurde ein neues Leben geboren. Der Mann nahm es nicht wahr.

Jetzt schrie er vor Verzweiflung: „Gott, berühre mich, damit ich weiß, dass du da bist!" Gott beugte sich zu ihm herunter und tat dies. Aber der Mann schubste den Schmetterling von sich und ging...

Diese Zeilen fand ich auf fb als Posting bei einer guten Freundin. Es fasst im Prinzip alles zusammen. Mir ging es gestern so, einem 17... An einem 17. vor 5 Monaten starb völlig unerwartet mein Vater. Gestern, ein wichtiger Tag in Bezug auf Kapitel 20, klappte einfach alles. Da fragte ich mich schon, hat er mir geholfen?! Andererseits denke ich mir, er ist seitdem auf andere Weise in meinem Kopf, so das ich unabhängig von ihm meine richtigen Gedankengänge und Lebensschritte kreire.

Was die Zeilen über Gott betrifft: ich finde, da steckt sehr viel Wahrheit drin. Viele Menschen können nicht begreifen, genießen, sehen, schmecken, fühlen, was eine aufgehende/untergehende Sonne, ein Schmetterling, der Sternenhimmel, der Grashalm bedeutet. Und ein Wunder ist doch, das wir mit einer Affengeschwindigkeit auf einem Raumschiff namens Erde, durch das All düsen. Dabei dreht sie sich noch und schützt uns durch ihre Hülle. Was machen die meisten Menschen? Das Lebewesen Planet Erde zerstören... Die Evolution endet nie, die Natur braucht nicht die Spezies Mensch, also Mensch, mach nur weiter so mit macht- und geldgieriger Zerstörung von Regenwäldern oder Ozeanen oder Tierausrottungen oder Klimagau... Wirst sehen, die Evolution, die Natur, Gott besiegt dich!

https://youtu.be/71swxdSzY1w OMNIA (Offical) - Earth Warrior

Dieser Song lernte ich durch meinen Lieblingsmenschen kennen und das Video verwendete ich in der 5. und letzten Episode meiner TV-Musikshow SMOKE - das Musikcafe. Gegen Monsanto und anderen Monopolisten und Erdzerstörern müssen wir vorgehen! Wie im Video?

ZWEIUNDZWANZIG

Heute ist Rock- und Popmusik für alle Altersklassen von 8 bis 80, von 6 bis 90... Viele Menschen werden mit ihren Idolen alt. Bei mir sind es Bands wie Genesis, Pink Floyd oder The Beatles, aber auch eine Schauspielerin wie Nastassja Kinski (sie ist in meinem Alter, ich kenne "Nasti" seit den ersten Fotos in der "Bravo"...). Mit 70 hört man heute nicht unbedingt Helene Fischer oder Andrea Berg, sondern z.B. die Rolling Stones, die ihre ersten Hits schließlich schon 1964 hatten!

Trotzdem hätten die Stones nach dem "Undercover"-Album (1983) aufhören sollen. Danach kam wenig erbauliches. Richtig gut seitdem waren nur die "Voodoo Lounge" (1994) und das Blues-Album vom letzten Jahr... Noel Gallagher (Oasis): "Rockmusiker jenseits der 30 bringen nur noch belangloses Zeug zusammen. Die Rolling Stones sind heute Dreck, und auch John Lennon und George Harrison haben nur noch Schrott abgeliefert, als sie über 30 waren". Diese Aussage ist Quatsch, ein bisschen Wahrheit steckt aber drin. Viele Musiker machen den Fehler Opfer ihrer eigenen Legende zu werden. Dann wird immer nach der selben Masche gestrickt (wie z.B. Elton John mit seinen Balladen), wird eine Albumlegende vervielfacht (z.B. Bat Out Of Hell Part 2 von Meat Loaf) oder man wird seine eigene Oldie-Band (z.B. wie die Paul McCartney-Konzerte mit den Beatles-Klassikern). Natürlich gibt es von Rockmusikern über 30 saugute Musik: U 2, Mark Knopfler, Deep Purple, Kate Bush, Sting... die Liste wäre endlos! Es gibt Bands, die gleich den Dreh raushatten: Genesis schwenkten glaubhaft von Progrock (z.B."Nursery Cryme"-Album)auf Stadionpop (z.B. "Invisible Touch"-Album) und entgingen dem Schicksal von Yes u.a. Progrock-Bands, die seit Mitte der 80er nur noch von Eingeweihten gehört wurden. The Police hauten in einer halben Dekade 5 Studioalben ("Regatta De Blanc", "Zenyatta Mondatta"...) raus, die allesamt Klassiker wurden und sagten tschüss (umso grandioser wurde die 2008er Einmal-Welttour gefeiert).

Wer kennt Sandy Denny? Nach der Lektüre im Rocklexikon (rororo, Ausgabe 2008) mit den Bios über Fairport Convention und Fotheringay - da war Sandy Sängerin - schaute ich bei you tube vorbei... Wie schon in meinem letzten Buch "Über Musik und die Welt" beschrieben, ging in den 70ern, 80ern usw. vieles an mir vorüber. Die Fülle an Musik und Genres ist eben endlos.... Als Beispiele genannt Television (siehe Kapitel 3) und Sandy Denny. Schade, das ich eine solch grandiose Sängerin sooo spät entdeckte!

https://youtu.be/FzDC4284SA0 Sandy Denny - Who Knows Where The Time Goes? (John Peel Show)

60er und 70er Folk vom Feinsten: Sandy Denny!

In den ersten 5 Büchern (besonders in "Blood On The Rooftops" - Buch 1) sind (fast...) alle wichtigen Namen, die zu meinen Favoriten gehören: von der "Story Of Rock" bis zu den "Besten TV-Serien", von den "Erfolgreichsten Alben" bis zu Lieblingsfilmen oder Lieblingsbüchern - ist alles in den 5 bzw. jetzt 6 Büchern verteilt. Die Band ist nicht in Buch 1, vielleicht findet sich der Name in Buch 3. Die Topserie fehlt in Buch 1, vielleicht findet Ihr sie in Buch 4.... Daher ist in diesem Buch keine Vollständigkeit - die 6 Bücher sind im Endeffekt EIN BUCH! Auch wenn sich manches wiederholt, z.B. Idylle-Prosaen über Annweiler oder die geile ARD-Rockpalast-Musik in den 70ern...

In den Büchern tauchen immer wieder you tube-Links auf. Sicherlich darf da mein Lieblingsalbum forever nicht fehlen:

https://youtu.be/5GOi2Fnl1y4 Pink Floyd - Dark Side Of The Moon (Full Album) 1973

Und weiter in der Magical Mystery Tour:

DREIUNDZWANZIG

Reclam Musik Edition

Aufnahmen 1970 - 1979

Leonard Cohen

All Time Best: Reclam Musik Edition

Mit eindringlichen Song-Poemen wurde er neben Bob Dylan zum wichtigsten Songwriter der sechziger Jahre. Bis heute ist er ein Mann der leisen Töne geblieben, dessen Botschaften gleichwohl auf der ganzen We...

Miles Davis: All Time Best: Reclam Musik Edition, CD

Miles Davis (1926-1991)

All Time Best: Reclam Musik Edition

Miles Davis stand immer für Inspiration und Innovation und setzte den Maßstab für Stil, Coolness, Zeitlosigkeit und grenzüberschreitende Experimente. Einer der einflussreichsten Künstler des 20.Jahrhunder...

Willie Nelson: All Time Best: Reclam Musik Edition, CD

Willie Nelson

All Time Best: Reclam Musik Edition

Klassischer Outlaw, musikalischer Kosmopolit und einer der großen Paten der amerikanischen Countrymusik: Willie Nelson ließ sich nie festlegen und schuf in fünf Jahrzehnten einen einzigartigen Katalog von...

Früher war Reclam (die gelben Heftchen) gleichbedeutend mit Goethe, Schiller, Lessing, Brecht... Mittlerweile wurden die Literaten und inspirierte Zeitlosen bei Reclam aufgenommen.

Von Willie Nelson - den muss ich auch unbedingt noch mehr entdecken und kennenlermen, der war mal echt cool in einer Episode von "Monk" - anschließend der gesamte Bericht...

Willie Nelson: All Time Best: Reclam Musik Edition

Label: Sony, 1962-85

Bestellnummer: 4922115

Erscheinungstermin: 26.8.2011

Serie: Reclam Musik Edition

Klassischer Outlaw, musikalischer Kosmopolit und einer der großen Paten der amerikanischen Countrymusik: Willie Nelson ließ sich nie festlegen und schuf in fünf Jahrzehnten einen einzigartigen Katalog von Klassikern. In dieser Ausgabe der Reclam Musik Edition sind seine wichtigsten Songs zusammengefasst - von " "On The Road Again" bis "Funny How Time Slips Away".

Hintergrund zur Serie: Seit mehr als 150 Jahren setzt der Traditionsverlag Reclam Maßstäbe. Sein einzigartiges Renommee verdankt er den großartigen Editionen der Weltliteratur, Kompendien zu Kunst und Kultur, anspruchsvollen Sachbüchern und einem hochklassigen Taschenbuchprogramm. Nun gibt Reclam gemeinsam mit Sony Music das Werk herausragender Ikonen der populären Musik heraus.

Rezensionen

„Besonders Sammler dürften sich von dieser Serie angesprochen fühlen, doch bieten die CDs auch für Einsteiger oder Spätentdecker einen umfassenden Karriere-Überblick inklusive liebevoll gestalteter Booklets." (Good Times, Oktober / November 2011)

Tracklisting

1

On The Road Again (Album Version)

2

To All The Girls I've Loved Before (Album Version) (Live)

3

Crazy (Album Version)

4

City Of New Orleans (Album Version)

5

Blue Eyes Crying In The Rain (Album Version)

6

Always On My Mind (Album Version)

7

Me And Paul

8

A Good Hearted Woman

9

Night life (Album Version)

10

Georgia On My Mind (Album Version)

11

My heroes have always been cowboys (Album Version)

12

Pancho and Lefty (Album Version)

13

Funny How Time Slips Away (1962 Version)

14

Hello Walls (Album Version)

15

Highwayman (Album Version)

16

Blue Skies (Album Version)

17

Mammas, Don't Let Your Babies Grow Up To Be Cowboys

18

Whiskey River (Live)

19

Seven Spanish angels

20

Bloody Mary Morning

VIERUNDZWANZIG

Bei den Listen der erfolgreichsten Filme aller Zeiten ist es ratsam, eine inflationsbereinigte Liste zu wählen! Sonst findet man 90 % der Filme aus den letzten 10 Jahren... Hier eine reale inflationsbereinigte Liste, Stand: 2015. Natürlich mit der ewigen Nr. 1 "Vom Winde verweht", ansonsten finden Sie Ihren Lieblingsfilm. Ist er dabei? Wo liegt "Men In Black"? Hat es das "Kuckucksnest" geschafft?

Nr.	Besucher*	$	Budget	$ Inflation	Studio	Start	Film	Regie	WA
1	285.034.697	198.655.278	4	2.394.291.455	MGM	1939	Vom Winde verweht	Victor Fleming	47 54 61 67 75 89 98
2	171.428.571	60.000.000	1	1.439.999.996	EPO	1915	Geburt einer Nation**	David Wark Griffith	-
3	169.289.011	461.038.066	11	1.422.027.692	FOX	1977	Krieg der Sterne	George Lucas	78 79 81 82 97
4	147.584.624	163.214.286	8	1.239.710.842	FOX	1965	Meine Lieder - Meine Träume	Robert Wise	73
5	139.728.416	435.110.554	11	1.173.718.694	U	1982	E.T. - Der Außerirdische	Steven Spielberg	85 02

Nr.	Besucher*	$	Budget	$ Inflation	Studio	Start	Film	Regie	WA
6	138.162.547	658.672.302	200	1.160.565.395	PAR	1997	Titanic	James Cameron	12
7	127.636.993	85.400.000	14	1.072.150.741	PAR	1956	Die zehn Gebote	Cecil B. DeMille	60 66 72
8	124.586.170	261.225.440	12	1.046.523.828	U	1975	Der weiße Hai	Steven Spielberg	79
9	114.944.833	184.925.486	1	965.536.597	BV	1937	Schneewittchen und die sieben Zwerge	David Hand	44 52 58 67 75 83 89 93
10	112.248.255	232.671.011	12	942.885.342	WB	1973	Der Exorzist	William Friedkin	76 79 00
Nr.	Besucher*	$	Budget	$ Inflation	Studio	Start	Film	Regie	WA
11	104.996.416	74.000.000	15	881.969.894	MGM	1959	Ben Hur	William Wyler	69
12	103.559.322	61.100.000	6	869.898.305	UA	1956	In 80 Tagen um die Welt	Michael Anderson	-
13	103.279.317	111.721.913	11	867.546.263	MGM	1965	Doktor Schiwago	David Lean	71
14	101.330.224	760.507.625	237	851.172.882	FOX	2009	Avatar - Aufbruch nach Pandora	James Cameron	-
15	96.768.416	290.475.067	18	812.854.694	FOX	1980	Das Imperium schlägt zurück	Irvin Kershner	81 82 97
16	93.251.232	309.306.177	33	783.310.349	FOX	1983	Die Rückkehr der Jedi-Ritter	Richard Marquand	85 97
17	91.830.822	402.453.882	63	771.378.905	U	1993	Jurassic Park	Steven Spielberg	13
18	90.319.245	474.544.677	115	758.681.658	FOX	1999	Star Wars: Episode I - Die dunkle Bedrohung	George Lucas	12
19	89.434.585	422.783.777	79	751.250.514	BV	1994	Der König der Löwen	Roger Allers, Rob Minkoff	02 11
20	89.203.822	102.272.727	-	749.312.105	BV	1964	Mary Poppins	Robert Stevenson	73 80
21	88.944.026	159.616.327	6	747.129.818	U	1973	Der Clou		

George Roy Hill 77

22	88.627.451	45.200.000	5	744.470.588	FOX	1953	Das
Gewand		Henry Koster	-

23	87.521.871	248.159.971	20	735.183.716	PAR	1981	Jäger des
verlorenen Schatzes	Steven Spielberg		82 83 12

24	84.178.942	104.901.839	3	707.103.113	AVE	1967	Die
Reifeprüfung	Mike Nichols	72 97

25	79.387.930	134.966.411	6	666.858.612	PAR	1972	Der Pate
		Francis Ford Coppola	97

26	78.670.202	330.252.182	55	660.829.697	PAR	1994	Forrest
Gump	Robert Zemeckis		95 14

27	78.322.225	623.444.910	220	657.906.690	BV	04.05.2012
		Avengers	Joss Whedon

28	läuft	651.713.686	150	651.713.686	U	12.06.2015	Jurassic
World	Colin Trevorrow		-

29	76.041.667	36.500.000	-	638.750.003	CRC	1952	This Is
Cinerama		Merian C. Cooper, Gunther von Fritsch	-

30	74.472.169	534.858.444	185	625.566.220	WB	2008	The Dark
Knight	Christopher Nolan		12

31	73.448.635	188.389.388	6	616.968.534	PAR	1978	Grease -
Schmiere		Randal Kleiser	79 80 98

32	73.285.219	72.000.000	17	615.595.840	WB	1964	My Fair
Lady	George Cukor	71 73

33	73.142.875	25.600.000	1	614.400.150	MGM	1925	Die Parade
des Todes		King Vidor	-

34	72.631.579	27.600.000	2	610.105.264	UA	1936	Moderne
Zeiten	Charles Chapinn		-

35	71.310.137	242.212.467	30	599.005.151	COL	1984
		Ghostbusters - Die Geisterjäger	Ivan Reitman	85 14

36	71.142.857	36.000.000	4	597.599.999	PAR	1952	Die größte
Schau der Welt	Cecil B. DeMille		67

37	71.081.081	26.300.000	1	597.081.080	RKO	1933	King Kong

Merian C. Cooper, Ernest B. Schoedsack   -

38   71.050.925   441.226.247   75   596.827.770   SKG   2004   Shrek 2 -
Der tollkühne Held kehrt zurück   Andrew Adamson, Kelly Asbury, Conrad Vernon -

39   70.666.855   61.800.000   44   593.601.582   FOX   1963   Cleopatra
Joseph L. Mankiewicz   67

40   70.055.570   407.022.860   139   588.466.788   COL   2002   Spider-Man
Sam Raimi   -

41   69.869.190   234.760.478   15   586.901.196   PAR   1984   Beverly Hills
Cop   Martin Brest   -

42   69.269.065   306.169.268   75   581.860.146   FOX   1996
Independence Day   Roland Emmerich   -

43   68.643.346   106.397.186   2   576.604.106   PAR   1970   Love Story
Arthur Hiller   -

44   68.232.399   139.876.417   1   573.152.152   FOX   1975   The Rocky
Horror Picture Show   Jim Sharman   -

45   68.006.805   155.691.323   20   571.257.162   COL   1977
Unheimliche Begegnung der dritten Art Steven Spielberg   80

46   67.931.980   152.551.432   4   570.628.632   BV   1961   Pongo und
Perdita (101 Dalmatiner)   Wolfgang Reitherman, Hamilton Luske, Clyde Geronimi 69
79 85 91

47   67.715.934   285.761.243   15   568.813.846   FOX   16.11.1990
Kevin - Allein zu Haus Chris Columbus   -

48   66.579.704   28.500.000   -   559.269.514   RKO   1946   Die besten
Jahre unseres Lebens   William Wyler   54

49   65.555.599   102.308.889   -   550.667.032   FOX   1969   Zwei
Banditen   George Roy Hill 74

50   65.428.571   22.900.000   4   549.599.996   MGM   1926   Ben Hur
Fred Niblo   -

Nr.   Besucher* $ Budget $ Inflation   Studio Start   Film   Regie   WA

51   65.405.405   24.200.000   1   549.405.402   COL   1933   Es geschah
in einer Nacht Frank Capra   -

52   64.831.710   100.489.151   10   544.586.364   U   1970   Airport

George Seaton -

| 53 | 64.628.368 | 423.315.812 | 225 | 542.878.291 | BV | 2006 | Pirates of
the Caribbean - Fluch der Karibik 2 Gore Verbinski -

| 54 | 64.390.607 | 27.800.000 | 8 | 540.881.099 | SRO | 1946 | Duell in der
Sonne King Vidor 54

| 55 | 63.778.449 | 41.300.000 | 3 | 535.738.972 | COL | 1957 | Die Brücke
am Kwai David Lean 64

| 56 | 63.043.491 | 115.000.000 | 1 | 529.565.324 | U | 1973 | American
Graffiti George Lucas 78

| 57 | 62.965.998 | 63.595.658 | 9 | 528.914.383 | UA | 1965 | James Bond
007 - Feuerball Terence Young -

| 58 | 62.954.618 | 251.188.924 | 35 | 528.818.791 | WB | 1989 | Batman
Tim Burton -

| 59 | 62.628.487 | 377.845.905 | 110 | 526.079.291 | NL | 2003 | Der Herr
der Ringe - Die Rückkehr des Königs Peter Jackson 11

| 60 | 62.467.626 | 141.843.612 | - | 524.728.075 | BV | 1967 | Das
Dschungelbuch Wolfgang Reitherman 78 84 90

| 61 | 62.060.299 | 139.486.124 | - | 521.306.512 | PAR | 1977 | Nur
Samstag Nacht John Badham 79

| 62 | 61.504.346 | 380.843.261 | 94 | 516.636.506 | BV | 2003 | Findet
Nemo Andrew Stanton 12

| 63 | 61.375.661 | 116.000.000 | 14 | 515.555.552 | FOX | 1974 |
Flammendes Inferno John Guillermin -

| 64 | 60.512.821 | 141.600.000 | 3 | 508.307.696 | U | 1978 | Ich glaub'
mich tritt ein Pferd John Landis -

| 65 | 60.272.109 | 177.200.000 | - | 506.285.716 | COL | 1982 | Tootsie
Sydney Pollack -

| 66 | 60.158.748 | 373.585.825 | 200 | 505.333.483 | COL | 2004 | Spider-Man
2 Sam Raimi -

| 67 | 59.803.922 | 30.500.000 | 2 | 502.352.945 | COL | 1953 | Verdammt
in alle Ewigkeit Fred Zinnemann -

| 68 | 59.726.207 | 93.266.149 | 3 | 501.700.139 | BV | 1950 |
Aschenputtel (Cinderella) Clyde Geronimi, Hamilton Luske, Wilfred Jackson

57 67 73 81 87

Rang					Studio	Jahr	Titel	Regie	
69	59.704.842	370.782.930	31	501.520.673	NM	2004	Die Passion Christi	Mel Gibson	05
70	59.618.973	29.754.155	7	500.799.373	MGM	1951	Quo Vadis?	Mervyn LeRoy	64
71	59.326.694+	210.609.762+	-	498.344.230+	U	1985	Zurück in die Zukunft	Robert Zemeckis	15
72	59.324.583	380.270.577	115	498.326.497	FOX	2005	Star Wars: Episode III - Die Rache der Sith	George Lucas	-
73	59.215.778	29.300.000	-	497.412.535	PAR	1949	Samson und Delilah	Cecil B. DeMille	59
74	59.005.329	102.797.150	2	495.644.764	BV	1942	Bambi	David Hand	47 57 66 75 82 88
75	58.911.205	342.551.365	110	494.854..122	NL	2002	Der Herr der Ringe - Die zwei Türme	Peter Jackson	03
76	58.769.231	38.200.000	6	493.661.540	FOX	1958	Süd Pazifik	Joshua Logan	-
77	58.648.649	21.700.000	2	492.648.652	MGM	1935	Meuterei auf der Bounty	Frank Lloyd	-
78	58.571.429	20.500.000	2	492.000.004	PAR	1923	Die zehn Gebote	Cecil B. DeMille	-
79	58.461.538	22.800.000	2	490.992.919	WB	1938	Die Abenteuer des Robin Hood	Michael Curtiz	-
80	58.208.715	87.404.651	4	488.953.206	BV	1953	Peter Pans heitere Abenteuer (Peter Pan)	Clyde Geronimi, Wilfred Jackson, Hamilton Luske	62 69 76 82 89
81	57.776.829	293.506.292	55	485.325.364	BV	1999	The Sixth Sense	M. Night Shyamalan	-
82	57.407.407	46.500.000	14	482.222.219	MGM	1962	Das war der wilde Westen	John Ford, Henry Hathaway, George Marshall	-
83	57.358.127	134.218.018	55	481.808.267	WB	1978	Superman	Richard Donner	-
84	57.142.857	20.000.000	1	479.999.999	PAR	1923	Die		

Karawane		James Cruze	-

85	57.142.857	20.000.000	1	479.999.999	FOX	1926	Rivalen
	Raoul Walsh	-

86	56.832.927	126.737.428	-	477.396.587	U	1977	Ein
ausgekochtes Schlitzohr		Hal Needham	-

87	56.697.171	43.656.822	6	476.256.236	UA	1961	West Side
Story	Robert Wise, Jerome Robbins	-

88	56.428.571	23.700.000	-	473.999.996	RKO	1945	Die Glocken
von St. Mary	Leo McCarey	-

89	56.346.179	98.000.000	-	473.307.904	WB	1971	Billy Jack
	T.C. Frank	73 76

90	56.301.409	448.159.219	230	472.931.836	WB	20.07.2012	The
Dark Knight Rises	Christopher Nolan	-

91	56.108.754	317.575.550	130	471.313.534	WB	2001	Harry
Potter und der Stein der Weisen		Chris Columbus	-

92	55.714.286	19.500.000	-	468.000.002	AC	1918	Hearts of
the World	David Wark Griffith	-

93	55.714.286	19.500.000	1	468.000.002	UA	1921	Mädchenlos
	David Wark Griffith	-

94	55.695.777	315.544.750	110	467.844.527	NL	2001	Der Herr
der Ringe - Die Gefährten	Peter Jackson	03 11

95	55.434.614	35.000.000	5	465.650.758	WB	1956	Giganten
	George Stevens	66

96	55.040.022	117.235.247	1	462.336.185	UA	1976	Rocky
	John G. Avildsen	-

97	55.004.140	93.602.326	4	462.034.776	BV	1955	Susi und
Strolch	Clyde Geronimi, Hamilton Luske, Wilfred Jackson		62 72 80 86

98	54.925.873	51.081.062	3	461.377.333	UA	1964	James Bond
007 - Goldfinger	Guy Hamilton	-

99	54.732.833	119.500.000	3	459.755.797	WB	1974	Der wilde,
wilde Westen (Is' was, Sheriff?)	Mel Brooks	76 78 82

100	54.688.128	241.721.524	92	459.380.275	WB	1996	Twister Jan

De Bont -

Nr.	Besucher*	$	Budget	$ Inflation	Studio	Start	Film	Regie	WA
101	läuft	459.005.868	250	459.005.868	BV	01.05.2015	Avengers - Age of Ultron	Joss Whedon	-
102	54.634.146	112.000.000	4	458.926.826	UA	1975	Einer flog über das Kuckucksnest	Milos Forman	-
103	54.616.675	250.690.539	90	458.780.070	COL	1997	Men in Black	Barry Sonnenfeld	
104	54.571.429	19.100.000		458.400.004	WB	1928	Der singende Narr	Lloyd Bacon	-
105	54.545.455	30.000.000	-	458.181.822	PAR	1954	Weiße Weihnachten	Michael Curtiz	-
106	54.509.245	46.332.858	9 70	457.877.658	UA	1963	Eine total, total verrückte Welt	Stanley Kramer	
107	54.285.714	19.000.000	1	455.999.998	MET	1921	Die vier Reiter der Apokalypse	Rex Ingram	-
108	54.285.714	19.000.000	1	455.999.998	PAR	1927	Wings	William A. Wellman	-
109	53.614.916	402.111.870	200	450.365.294	SKG	2009	Transformers - Die Rache	Michael Bay	-
110	53.532.819	179.870.271	28	449.675.680	PAR	1984	Indiana Jones und der Tempel des Todes	Steven Spielberg	-
111	53.472.761	310.676.740	120	449.171.192	FOX	2002	Star Wars: Episode II - Angriff der Klonkrieger	George Lucas	-
112	53.255.814	22.900.000	-	447.348.838	COL	1947	Der Jazzsänger	Alfred E. Green	-
113	52.945.664	219.195.051	33	444.743.578	FOX	1993	Mrs. Doubtfire - Das stachelige Kindermädchen	Chris Columbus	-
114	52.163.378	424.088.260	130	438.172.375	LG	22.11.2013	Die Tribute von Panem - Catching Fire	Francis Lawrence	
115	52.607.343	415.071.937	200	441.901..681	BV	2010	Toy Story 3	Lee Unkrich	-

116   52.373.547   217.350.219   28   439.937.795   BV   1992   Aladdin
John Musker, Ron Clements   -

117   52.222.222   18.800.000   -   438.666.665   MGM   1932   Tarzan - der
Affenmensch   W.S. Van Dyke   -

118   51.724.138   30.000.000   -   434.482.759   CRC   1955   Cinerama
Holiday   Robert L. Bendick, Philippe De Lacy   64

119   51.571.400   217.631.306   22   433.199.760   PAR   1990   Ghost -
Nachricht von Sam   Jerry Zucker   -

120   51.261.796   408.043.896   78   430.599.086   LG   23.03.2012   Die
Tribute von Panem   Gary Ross   -

121   51.145.899   81.600.000   4   429.625.552   FOX   1970   M.A.S.H.
Robert Altman   73

122   50.804.122   84.254.167   3   426.754.625   RKO   1940   Geschichte
vom hölzernen Bengele (Pinocchio)   Ben Sharpsteen, Hamilton Luske   48 54 62 71
79 84 92

123   50.731.707   20.800.000   -   426.146.339   WB   1943   This Is the
Army   Michael Curtiz   -

124   50.649.074   305.413.918   125   425.452.222   BV   2003   Fluch der
Karibik   Gore Verbinski   -

125   50.442.928   261.203.402   80   423.720.595   BV   1999   Toy Story 2
John Lasseter   09

126   50.325.669   409.147.687   250   422.735.620   BV   03.05.2015   Iron
Man 3   Shane Black   -

127   50.037.348   84.563.118   5   420.313.723   FOX   1972   Die
Höllenfahrt der Poseidon (Poseidon Inferno)   Ronald Neame   70

128   50.000.000   17.500.000   1   420.000.000   UA   1925   Goldrausch
Charles Chaplin   42

FÜNFUNDZWANZIG

Ich gebe zu, ist mir zuviel Arbeit, all die Wiederholungen pro Plazierung zu löschen... Nicht
zum 1. mal bei meinen 6 Büchern ist meine Nr. 1 auch die Nr. 1 einer Liste, hier die der

Rolling Stone-Leser...: The Dark Side Of The Moon Forever!!!

Rolling Stone (2012) Die 100 besten Alben aller Zeiten (Leser) - Leser

Anzahl: 100 >> Seite 1

english Best-of-Lists from German Music Magazines - The 100 Best Albums of All Time (Readers) - page 1

Die 100 besten Alben aller Zeiten (2012) Leser   Rolling Stone   Album Leser   1
        Pink Floyd   Dark Side Of The Moon INFO

jpc

KAUFEN

Die 100 besten Alben aller Zeiten (2012) Leser   Rolling Stone   Album Leser   2
        The Beatles   Sgt. Pepper's Lonely Hearts Club Band   INFO

jpc

KAUFEN

Die 100 besten Alben aller Zeiten (2012) Leser   Rolling Stone   Album Leser   3
        The Rolling Stones   Exile On Main St.   INFO

jpc

KAUFEN

Die 100 besten Alben aller Zeiten (2012) Leser   Rolling Stone   Album Leser   4
        The Beatles   Revolver   INFO

jpc

KAUFEN

Die 100 besten Alben aller Zeiten (2012) Leser   Rolling Stone   Album Leser   5
        Bruce Springsteen   Born To Run   INFO

jpc

KAUFEN

Die 100 besten Alben aller Zeiten (2012) Leser   Rolling Stone   Album   Leser   6
            Nirvana Nevermind   INFO

jpc

KAUFEN

Die 100 besten Alben aller Zeiten (2012) Leser   Rolling Stone   Album   Leser   7
            The Beatles   The Beatles (The White Album) INFO

jpc

KAUFEN

Die 100 besten Alben aller Zeiten (2012) Leser   Rolling Stone   Album   Leser   8
            Pink Floyd   Wish You Were Here   INFO

jpc

KAUFEN

Die 100 besten Alben aller Zeiten (2012) Leser   Rolling Stone   Album   Leser   9
            Bob Dylan   Highway 61 Revisited   INFO

jpc

KAUFEN

Die 100 besten Alben aller Zeiten (2012) Leser   Rolling Stone   Album   Leser   10
            U2   The Joshua Tree   INFO

jpc

KAUFEN

Die 100 besten Alben aller Zeiten (2012) Leser   Rolling Stone   Album   Leser   11
            The Beatles   Abbey Road   INFO

jpc

KAUFEN

Die 100 besten Alben aller Zeiten (2012) Leser   Rolling Stone   Album   Leser   12
            The Clash   London Calling INFO

jpc

KAUFEN

Die 100 besten Alben aller Zeiten (2012) Leser   Rolling Stone   Album   Leser   13

Bob Dylan   Blonde On Blonde   INFO

jpc

KAUFEN

Die 100 besten Alben aller Zeiten (2012) Leser   Rolling Stone   Album Leser   14
The Velvet Underground   The Velvet Underground & Nico   INFO

jpc

KAUFEN

Die 100 besten Alben aller Zeiten (2012) Leser   Rolling Stone   Album Leser   15
Radiohead   OK Computer   INFO

jpc

KAUFEN

Die 100 besten Alben aller Zeiten (2012) Leser   Rolling Stone   Album Leser   16
The Rolling Stones   Sticky Fingers   INFO

jpc

KAUFEN

Die 100 besten Alben aller Zeiten (2012) Leser   Rolling Stone   Album Leser   17
The Beach Boys Pet Sounds   INFO

jpc

KAUFEN

Die 100 besten Alben aller Zeiten (2012) Leser   Rolling Stone   Album Leser   18
Led Zeppelin   Led Zeppelin IV INFO

jpc

KAUFEN

Die 100 besten Alben aller Zeiten (2012) Leser   Rolling Stone   Album Leser   19
Jimi Hendrix (Experience)   Electric Ladyland   INFO

jpc

KAUFEN

Die 100 besten Alben aller Zeiten (2012) Leser   Rolling Stone   Album Leser   20
R.E.M. Automatic For The People   INFO

jpc

KAUFEN

Die 100 besten Alben aller Zeiten (2012) Leser   Rolling Stone   Album   Leser   21
        The Beatles   Rubber Soul   INFO

jpc

KAUFEN

Die 100 besten Alben aller Zeiten (2012) Leser   Rolling Stone   Album   Leser   22
        U2   Achtung Baby   INFO

jpc

KAUFEN

Die 100 besten Alben aller Zeiten (2012) Leser   Rolling Stone   Album   Leser   23
        Bruce Springsteen   Born In The U.S.A.   INFO

jpc

KAUFEN

Die 100 besten Alben aller Zeiten (2012) Leser   Rolling Stone   Album   Leser   24
        Pink Floyd   The Wall   INFO

jpc

KAUFEN

Die 100 besten Alben aller Zeiten (2012) Leser   Rolling Stone   Album   Leser   25
        The Doors   The Doors   INFO

jpc

KAUFEN

Die 100 besten Alben aller Zeiten (2012) Leser   Rolling Stone   Album   Leser   26
        The Rolling Stones   Let It Bleed   INFO

jpc

KAUFEN

Die 100 besten Alben aller Zeiten (2012) Leser   Rolling Stone   Album   Leser   27
        Bob Dylan   Blood On The Tracks   INFO

jpc

Die 100 besten Alben aller Zeiten (2012) Leser   Rolling Stone   Album   Leser   28
    Bruce Springsteen   Darkness On The Edge Of Town INFO

jpc

KAUFEN

Die 100 besten Alben aller Zeiten (2012) Leser   Rolling Stone   Album   Leser   29
    Van Morrison   Astral Weeks   INFO

jpc

KAUFEN

Die 100 besten Alben aller Zeiten (2012) Leser   Rolling Stone   Album   Leser   30
    The Rolling Stones   Beggars Banquet   INFO

jpc

KAUFEN

Die 100 besten Alben aller Zeiten (2012) Leser   Rolling Stone   Album   Leser   31
    Fleetwood Mac Rumours   INFO

jpc

KAUFEN

Die 100 besten Alben aller Zeiten (2012) Leser   Rolling Stone   Album   Leser   32
    Oasis   (What's The Story) Morning Glory?   INFO

jpc

KAUFEN

Die 100 besten Alben aller Zeiten (2012) Leser   Rolling Stone   Album   Leser   33
    Bruce Springsteen   The River   INFO

jpc

KAUFEN

Die 100 besten Alben aller Zeiten (2012) Leser   Rolling Stone   Album   Leser   34
    Led Zeppelin   Led Zeppelin   INFO

jpc

KAUFEN

Die 100 besten Alben aller Zeiten (2012) Leser   Rolling Stone   Album   Leser   35
Miles Davis   Kind Of Blue   INFO

jpc

KAUFEN

Die 100 besten Alben aller Zeiten (2012) Leser   Rolling Stone   Album   Leser   36
David Bowie   The Rise And Fall Of Ziggy Stardust And The Spiders From Mars
INFO

jpc

KAUFEN

Die 100 besten Alben aller Zeiten (2012) Leser   Rolling Stone   Album   Leser   37
The Who   Who's Next   INFO

jpc

KAUFEN

Die 100 besten Alben aller Zeiten (2012) Leser   Rolling Stone   Album   Leser   38
Neil Young (& Crazy Horse)   Harvest   INFO

jpc

KAUFEN

Die 100 besten Alben aller Zeiten (2012) Leser   Rolling Stone   Album   Leser   39
Michael Jackson   Thriller INFO

jpc

KAUFEN

Die 100 besten Alben aller Zeiten (2012) Leser   Rolling Stone   Album   Leser   40
Metallica   Metallica   INFO

jpc

KAUFEN

Die 100 besten Alben aller Zeiten (2012) Leser   Rolling Stone   Album   Leser   41
Jimi Hendrix (Experience)   Are You Experienced   INFO

jpc

KAUFEN

Die 100 besten Alben aller Zeiten (2012) Leser   Rolling Stone   Album   Leser   42

Pearl Jam   Ten   INFO

jpc

KAUFEN

Die 100 besten Alben aller Zeiten (2012) Leser   Rolling Stone   Album   Leser   43
Dire Straits   Brothers in Arms   INFO

jpc

KAUFEN

Die 100 besten Alben aller Zeiten (2012) Leser   Rolling Stone   Album   Leser   44
Johnny Cash   American Recordings   INFO

jpc

KAUFEN

Die 100 besten Alben aller Zeiten (2012) Leser   Rolling Stone   Album   Leser   45
Queen   A Night At The Opera   INFO

jpc

KAUFEN

Die 100 besten Alben aller Zeiten (2012) Leser   Rolling Stone   Album   Leser   46
Guns N' Roses   Appetite For Destruction   INFO

jpc

KAUFEN

Die 100 besten Alben aller Zeiten (2012) Leser   Rolling Stone   Album   Leser   47
The Smiths   The Queen Is Dead   INFO

jpc

KAUFEN

Die 100 besten Alben aller Zeiten (2012) Leser   Rolling Stone   Album   Leser   48
AC/DC   Highway To Hell   INFO

jpc

KAUFEN

Die 100 besten Alben aller Zeiten (2012) Leser   Rolling Stone   Album   Leser   49
Neil Young (& Crazy Horse)   Rust Never Sleeps   INFO

jpc

KAUFEN

Die 100 besten Alben aller Zeiten (2012) Leser   Rolling Stone   Album Leser   50
        Wilco   Yankee Hotel Foxtrot   INFO

jpc

KAUFEN

Die 100 besten Alben aller Zeiten (2012) Leser   Rolling Stone   Album Leser   51
        Peter Gabriel   So   INFO

jpc

KAUFEN

Die 100 besten Alben aller Zeiten (2012) Leser   Rolling Stone   Album Leser   52
        Marvin Gaye   What's Going On   INFO

jpc

KAUFEN

Die 100 besten Alben aller Zeiten (2012) Leser   Rolling Stone   Album Leser   53
        Neil Young (& Crazy Horse)   After The Gold Rush   INFO

jpc

KAUFEN

Die 100 besten Alben aller Zeiten (2012) Leser   Rolling Stone   Album Leser   54
        AC/DC   Back In Black   INFO

jpc

KAUFEN

Die 100 besten Alben aller Zeiten (2012) Leser   Rolling Stone   Album Leser   55
        The Cure   Disintegration INFO

jpc

KAUFEN

Die 100 besten Alben aller Zeiten (2012) Leser   Rolling Stone   Album Leser   56
        The Doors   L.A. Woman   INFO

jpc

KAUFEN

Die 100 besten Alben aller Zeiten (2012) Leser   Rolling Stone   Album Leser   57
      Arcade Fire   Funeral   INFO

jpc

KAUFEN

Die 100 besten Alben aller Zeiten (2012) Leser   Rolling Stone   Album Leser   58
      Talking Heads   Remain In Light INFO

jpc

KAUFEN

Die 100 besten Alben aller Zeiten (2012) Leser   Rolling Stone   Album Leser   59
      Led Zeppelin   Led Zeppelin II INFO

jpc

KAUFEN

Die 100 besten Alben aller Zeiten (2012) Leser   Rolling Stone   Album Leser   60
      Patti Smith   Horses INFO

jpc

KAUFEN

Die 100 besten Alben aller Zeiten (2012) Leser   Rolling Stone   Album Leser   61
      Rage Against The Machine   Rage Against The Machine   INFO

jpc

KAUFEN

Die 100 besten Alben aller Zeiten (2012) Leser   Rolling Stone   Album Leser   62
      The Who   Quadrophenia INFO

jpc

KAUFEN

Die 100 besten Alben aller Zeiten (2012) Leser   Rolling Stone   Album Leser   63
      Leonard Cohen Songs Of Love And Hate   INFO

jpc

KAUFEN

Die 100 besten Alben aller Zeiten (2012) Leser   Rolling Stone   Album   Leser   64
          Led Zeppelin   Physical Graffiti   INFO

jpc

KAUFEN

Die 100 besten Alben aller Zeiten (2012) Leser   Rolling Stone   Album   Leser   65
          Red Hot Chili Peppers   Californication INFO

jpc

KAUFEN

Die 100 besten Alben aller Zeiten (2012) Leser   Rolling Stone   Album   Leser   66
          Joy Division   Closer   INFO

jpc

KAUFEN

Die 100 besten Alben aller Zeiten (2012) Leser   Rolling Stone   Album   Leser   67
          Bob Dylan   Desire   INFO

jpc

KAUFEN

Die 100 besten Alben aller Zeiten (2012) Leser   Rolling Stone   Album   Leser   68
          Radiohead   Kid A   INFO

jpc

KAUFEN

Die 100 besten Alben aller Zeiten (2012) Leser   Rolling Stone   Album   Leser   69
          David Bowie   Low   INFO

jpc

KAUFEN

Die 100 besten Alben aller Zeiten (2012) Leser   Rolling Stone   Album   Leser   70
          Portishead   Dummy   INFO

jpc

KAUFEN

Die 100 besten Alben aller Zeiten (2012) Leser   Rolling Stone   Album   Leser   71

Prince   Purple Rain   INFO

jpc

KAUFEN

Die 100 besten Alben aller Zeiten (2012) Leser   Rolling Stone   Album   Leser   72
Tom Waits   Rain Dogs   INFO

jpc

KAUFEN

Die 100 besten Alben aller Zeiten (2012) Leser   Rolling Stone   Album   Leser   73
Bob Marley & The Wailers   Legend INFO

jpc

KAUFEN

Die 100 besten Alben aller Zeiten (2012) Leser   Rolling Stone   Album   Leser   74
Bruce Springsteen   Nebraska   INFO

jpc

KAUFEN

Die 100 besten Alben aller Zeiten (2012) Leser   Rolling Stone   Album   Leser   75
Johnny Cash   At Folsom Prison   INFO

jpc

KAUFEN

Die 100 besten Alben aller Zeiten (2012) Leser   Rolling Stone   Album   Leser   76
Ramones   Ramones   INFO

jpc

KAUFEN

Die 100 besten Alben aller Zeiten (2012) Leser   Rolling Stone   Album   Leser   77
Simon & Garfunkel   Bridge Over Troubled Water   INFO

jpc

KAUFEN

Die 100 besten Alben aller Zeiten (2012) Leser   Rolling Stone   Album   Leser   78
Jeff Buckley   Grace   INFO

jpc

KAUFEN

Die 100 besten Alben aller Zeiten (2012) Leser   Rolling Stone   Album Leser   79
     Coldplay   A Rush Of Blood To The Head   INFO

jpc

KAUFEN

Die 100 besten Alben aller Zeiten (2012) Leser   Rolling Stone   Album Leser   80
     Eagles   Hotel California   INFO

jpc

KAUFEN

Die 100 besten Alben aller Zeiten (2012) Leser   Rolling Stone   Album Leser   81
     Depeche Mode Violator   INFO

jpc

KAUFEN

Die 100 besten Alben aller Zeiten (2012) Leser   Rolling Stone   Album Leser   82
     Red Hot Chili Peppers   Blood Sugar Sex Magik INFO

jpc

KAUFEN

Die 100 besten Alben aller Zeiten (2012) Leser   Rolling Stone   Album Leser   83
     The Sex Pistols Never Mind The Bollocks, Here's The Sex Pistols   INFO

jpc

KAUFEN

Die 100 besten Alben aller Zeiten (2012) Leser   Rolling Stone   Album Leser   84
     Metallica   Master Of Puppets   INFO

jpc

KAUFEN

Die 100 besten Alben aller Zeiten (2012) Leser   Rolling Stone   Album Leser   85
     Paul Simon   Graceland   INFO

jpc

KAUFEN

Die 100 besten Alben aller Zeiten (2012) Leser   Rolling Stone   Album Leser   86
Nirvana Unplugged In New York INFO

jpc

KAUFEN

Die 100 besten Alben aller Zeiten (2012) Leser   Rolling Stone   Album Leser   87
Prince   Sign 'O' The Times   INFO

jpc

KAUFEN

Die 100 besten Alben aller Zeiten (2012) Leser   Rolling Stone   Album Leser   88
Bob Dylan   Time Out Of Mind   INFO

jpc

KAUFEN

Die 100 besten Alben aller Zeiten (2012) Leser   Rolling Stone   Album Leser   89
Stevie Wonder Songs In The Key Of Life   INFO

jpc

KAUFEN

Die 100 besten Alben aller Zeiten (2012) Leser   Rolling Stone   Album Leser   90
Jethro Tull   Aqualung   INFO

jpc

KAUFEN

Die 100 besten Alben aller Zeiten (2012) Leser   Rolling Stone   Album Leser   91
Love   Forever Changes   INFO

jpc

KAUFEN

Die 100 besten Alben aller Zeiten (2012) Leser   Rolling Stone   Album Leser   92
John Lennon   Imagine   INFO

jpc

KAUFEN

Die 100 besten Alben aller Zeiten (2012) Leser   Rolling Stone   Album   Leser   93
            Van Morrison   Moondance   INFO

jpc

KAUFEN

Die 100 besten Alben aller Zeiten (2012) Leser   Rolling Stone   Album   Leser   94
            Nick Drake   Pink Moon   INFO

jpc

KAUFEN

Die 100 besten Alben aller Zeiten (2012) Leser   Rolling Stone   Album   Leser   95
            Miles Davis   Bitches Brew   INFO

jpc

KAUFEN

Die 100 besten Alben aller Zeiten (2012) Leser   Rolling Stone   Album   Leser   96
            David Bowie   Hunky Dory   INFO

jpc

KAUFEN

Die 100 besten Alben aller Zeiten (2012) Leser   Rolling Stone   Album   Leser   97
            John Coltrane   A Love Supreme   INFO

jpc

KAUFEN

Die 100 besten Alben aller Zeiten (2012) Leser   Rolling Stone   Album   Leser   98
            Bruce Springsteen   The Rising   INFO

jpc

KAUFEN

Die 100 besten Alben aller Zeiten (2012) Leser   Rolling Stone   Album   Leser   99
            Meat Loaf   Bat Out Of Hell INFO

jpc

KAUFEN

Die 100 besten Alben aller Zeiten (2012) Leser   Rolling Stone   Album   Leser   100

SECHSUNDZWANZIG (21.07.17)

Melancholie

Das Kirchengeläut zu festen Zeiten

Wetterleuchten, das Gewitter zieht weiter

Frauenstimmen und Kindergeschrei im Haus gegenüber

Freitagabendbürgersteigstimmen

Freude auf das Hier und Heute

Neugierde auf die Zukunft

Erwartung auf Nichts und an die Träume

Jeder Tag mit der Sinnierung zum Leben

Jeder Tag Tatendrang oder auch nicht

Freiheit genießen und verteidigen

Fließen und strömen lassen

Dankbar die Erfreulichkeiten des Lebens annehmen

Demütig für die Träume, die Realitäten werden sollen, kämpfen

Oder einfach warten, die Wege des Universums fließen lassen

Aus der Ferne höre ich Donnergrollen

Mal wieder auf ein geiles 3 Tage-Festival ala Woodstock

Wirbelsäule und Ischias müssen bei mir endlich wieder topfit sein

Ich will mehr Bewegung, Waldspaziergänge, Natur

Ein Hoch auf meine besten Freunde ever

Aber ich brauche zusätzliche, neue Menschen in meinem Leben

Freude, lachen, Musik hören, tanzen, Leben gemeinsam genießen

Ich brauche....

Melancholie

SIEBENUNDZWANZIG

1991, Maikerwe in Kaiserslautern auf dem Messeplatz

Meine Damalige und ich sitzen im Festzelt

Der FCK verlor zu Hause 2:3 gegen Gladbach

Am vorletzten Spieltag, doch noch nicht Meister

Die Stimmung steigt, die Gesänge lauter

Aufeinmal steht wie eine Wand das Festzelt zum FCK

Heimat durch Fußball, Gänsehautfeeling bei Bier und Gesang

ALLE sind überzeugt, der FCK wird Deutscher Meister

Erstmals seit Fritz Walter´s Zeiten

Und so kam es: 6:2-Sieg am letzten Spieltag in Köln

Kuntz, Dooley, Schupp und Co: MEISTER

Die scheiß Bayern nur Zweiter

Ziiieht den Bayern die Leederhosen aus...

Der Song - in allen Stadien gegröhlt - entstand auf dem Betzenberg

Genauso wie die ZDF-Sportstudio-Torwand...

Die 70er Jahre-Legende Sepp Pirrung

In den 90ern verkaufte ich im Sprudel als Bierkutscher

Die große Legende Hans-Peter Briegel

Ihn sah ich den Bierschoppen abpumpen im Rodenbacher Sängerheim

Otto "Winke Mohl" und die 1998er Meisterschaft mit Brehme oder Kadlec

5:0 gegen Real Madrid im UEFA-Cup 1982

Die höchste Europacup-Niederlage von Real Madrid!

Nicht Bayern war´s, nicht Barca oder Man United

Der FCK mit Hellström, Briegel, Brehme und Co waren es

Die Geburt der BRD mit dem Wunder von Bern 1954 und 5 FCK-Legenden!

So viele Geschichten zum 1.FC Kaiserslautern

Und nun dümpeln sie seit Jahren in der 2. Liga...

Aber Vereinstreue kennt keine Liga

Tarzan Ehrmann, Klose, Ballack, Toppmöller,

Fritz und Ottmar Walter, Eckel, Kohlmeyer, Liebrich,

Sforza, Neues, Bongartz, Geye, Basler, Walter Frosch

Ernst Diehl, Laumen, Kuka, und wie sie alle heißen

Von Harry Koch bis Roland Sandberg

Die Lautrer und die Fans der Roten Teufel kennen ihre Legenden....

Und dann wäre da noch das Märchen vom SV Alsenborn

Sogar eine englischsprachige Wikipedia existiert über das Dorfwunder

Aber dies ist eine andere Geschichte...

ACHTUNDZWANZIG

STORY OF ROCK - alternative Version durch das Eclipsed-Heft Nr. 192 (Juli/August 2017)

In meinem 1. Buch "Blood On The Rooftops" verfasste ich eine "Story of Rock", in den musikalischen Printmedien sind so viele Namen, Aspekte, Genres, das durch EIN Heft eine Story of Rock durchaus zusammengestellt werden kann. Mal sehen:

Die Verwertungsgesellschaft BMI, US-Äquivalent der GEMA, errechnete 1999, das "Yesterday" nach "You´ve Lost That Lovin`Feelin`"" von den Righteous Brothers und "Never My Love" von The Association der Song ist, der im 20. Jahrhundert am häufigsten im US-Rundfunk eingesetzt wurde. Laut der Erhebung wurde die 1965 veröffentlichte Beatles-Ballade von amerikanischen Radio- und Fernsehsendern bis Ende 1999 über sieben Millionen Mal gespielt, was einer Dauer von gut 40 Jahren entspricht.

Der Rockpalast wird 40 - am 28.7.17 wird im WDR die erste Rockpalast-Nacht u.a. mit Rory Gallagher gesendet! Ich weiß noch, damals waren wir auf dem Grillplatz in Miesenbach (Rodenbacher Jungs und ich, mir Miesenbacher und Mackenbacher Mädels) und wir hörten aus dem Autoradio mit rausgestellten Boxen die Musik...

Tangerine Dream bringen ein neues Album raus, Guns n Roses kündigen - mal wieder... - ein neues Album an, Robert Wyatt: Wyatts erfolgreichste Lieder wurden nicht von ihm selbst komponiert: "I´m A Believer" (1974) stammt von Neil Diamond und war ursprünglich ein Hit für die Monkees. "Shipbuilding" (1982) ein Song über den Falklandkrieg, wurde von Clive Langer und Elvis Costello geschrieben. Bob Ezrin lobt die Arbeiten mit Alice Cooper an dessen neues Album. Album Nr. 24 von Nazareth erscheint, Randy Newman hat auch ein neues Werk, Eloy auch, und 2018 soll das neue Dream Theater-Album erscheinen. Radiohead werden sich nicht auflösen und ein Jubiläumsboxset zu 20 Jahre "OK Computer" erscheint.

Steve Rohtery (Marillion): " Auftritte auf der Loreley sind für Marillion eine Art Homecoming-Gigs. Hier haben wir einige unserer besten Konzerte gegeben. Die Location animiert uns zu Höchstleistungen. Nach der "Night Of The Prog" geht die eigentliche Deutschlandtour los. Wir planen bei den Festivals und auf der Tour in etwa die gleiche Setlist zu spielen. Und mehr Songs von "F.E.A.R.".

David Gilmour kehrte für 2 Konzerte ins Amphitheater nach Pompeji zurück, wo er 1971 mit Pink Floyd aufgetreten war. Damals gab es den legendären Film, diesmal wird am 13.9. "David Gilmour Live At Pompeji" in mehr als 2000 Kinos gezeigt.

Die Top Ten Alben in Deutschland am 15.06.1977

1. Greatest Hits - Smokie

2. Animals - Pink Floyd

3. Arrival - Abba

4. Live - Status Quo

5. Das Wort zum Montag - Otto

6. ... spielt Robert Stolz - James Last

7. Hotel California - Eagles

8. Dedication - Bay City Rollers

9. Zander´s Zorn - Frank Zander

10. Boston - Boston

Platz 1 am 18.06.1977 in den US-Albumcharts: Rumours - Fleetwood Mac

Platz 1 am 18.06.1977 in den GB-Singlescharts: Lucille - Kenny Rogers

7.6.1987: David Bowie spielt vor dem Reichstag ein vielbeachtetes Konzert... Undsoweiter, ich bin erst auf Seite 16... Und bisher gab es nur ein Best of... Ein Schnelldurchlauf für die restlichen ca 110 Seiten:

Little Steven (seit "Born To Run" 1975 Bestandteil des Bruce Springsteen-Camps) kehrt als Solokünstler zurück.... Nad Sylvian (der Sänger der Genesis Revisited-Konzerte von Steve Hackett) bringt ein weiteres Soloalbum raus.... Todd Rundgren gibts auch noch (er produzierte z.B. Bat Out Of Hell" von Meat Loaf).... Mick Fleetwood wird 70.... Nach 33 Jahren zurück: Bröselmaschine (entdeckte ich vor Jahren in der 6teiligen WDR-Reihe "Kraut & Rüben", eine Doku über den Krautrock).... Gov´t Mule bringen auch schon ihr 10. Album raus.... aus der Reihe "Weltkulturalben": Wire mit "Pink Flag" (21 Punk-Songs in 35 Minuten im Dezember 1977).... Die große Titelstory des Hefts: John Lennon trifft Paul McCartney....Nick Mason (Pink Floyd): "Jede Band lebt von kreativen Spannungen. Von Leuten, die sich anspornen, herausfordern und auch mal gegenseitig fertigmachen. Das war bei Pink Floyd nicht anders als bei den Beatles. Und ich weiß, dass sich John und Paul regelmäßig gestritten haben. Es schien ihnen aber nicht zu schaden, sondern sie sogar noch stärker zu machen. Bis zu dem Punkt, an dem der Bogen überspannt war und es richtig knallte. Auch das kenne ich von Pink Floyd....", Patti Smith: "Ich war immer ein George-Fan. Paul war mir zu arrogant, Ringo zu überdreht und Lennon zu kalt. George war der bodenständige Beatle, der sympathischste von den Vieren. Ich hatte immer das Gefühl, dass er sich nicht gegen Lennon/McCartney durchsetzen konnte. Dass sie ihn nicht gelassen haben." In Memory of Gregg Allman: "Ich habe mein ganzes Leben mit dem Blues verbracht. Er ist meine große Leidenschaft, die mir aus meinem eigenen Blues heraushilft. Der Blues trägt zum Stressabbau bei. Er ist wie eine Harley Davidson."

Ach herrje, erst auf Seite 50... Ihr seht schon, ein einziges Musikheft ist eine Story of Rock-Version... Namen und Genres aus vielen Jahrzehnten und Zeitgeistern tauchen auf. "Lord Of The Age" von Magna Carta, das ich auf einer M.C.-Doppel-CD habe, taucht auf (erinnert an meine alte Smile-Clique). Styx sind wiederauferstanden, von Def Leppard´s "Hysteria" erscheint eine 30th Anniversary Edition, eine Geschichte über das US-Kulturerbe Grateful Dead, Roger Waters hat das Album des Monats: "Is This The LifeWe Really Want?", von der

Sgt. Pepper der Beatles erscheint ein De Luxe-Boxset, der Einkaufszettel behandelt diesmal David Sylvian/Japan ("Tin Drum"), wir nehmen teil am Konzerterlebnis mit Deep Purple oder Foreigner, Steven Wilson spricht vorab zu seinem neuen Album und und und und und....

Apropo Steven Wilson: https://youtu.be/iBfY86cktN0 Porcupine Tree - Anesthetize - live (Tilburg, Netherlands) Full Song

NEUNUNDZWANZIG

Zu einer Magical Mystery Tour MUSS diese abgefahrene Sci Fi Comedy erwähnt werden. Mit Nora Tschirner, lief in den 2000ern im ZDF:

https://youtu.be/iJjqnAheMDc Ijon Tichy - Raumpilot - Trailer

Weitere Geheimtipps:

Einer der zartesten, gefühlvollsten Progrock-Songs aus den 1970ern:

https://youtu.be/k3KSpeiRPTc Pavlov´s Dog - Julia

Julia you set the standards for me

Walk to your door

Beggin' for it just to be more and

Julia I couldn't do much better than you

Said so yourself

I wouldn't want anyone else

And I can't live without your love

And I can't live without your love

Well I can't live without you

Julia oh you're drivin' me crazy

But I'm a...I'm a part of your plans

Oh just a man while your dreams be

You're just a part of me

Oh please see how much how much you mean to me

Please see how much how much you mean to me Julia

And Julia straight away you've had me

And I know I've had you

You're a part of me too

And I can't live without your love

And I can't live without your love

Well I can't live without you Julia

And I can't live without your love

And I can't live without your love

Well I can't live without you Julia

Anathema kenne ich von meiner 2010er fb-Mentorin Ca. Das Video in Einheit mit dem Song ist herzschmelzend sensationell. Ich liebe diesen Song. Nicht hören bei melancholischer Grundstimmung - oder gerade dann?

https://youtu.be/Mk0OF9DdVhw Anathema - Dreaming Light (from We´re Here Because We´re Here)

Der letzte Geheimtipp stammt von der Autobahnband. Die Jungs sah ich in den 80ern 3 oder 4mal inkl. Besäufnis backstage (siehe Buch 1 "Blood On The Rooftops"). Es handelt sich leider um ein wahres Geschehen: Nazi schießt in Ausländerdisco in Nürnberg.

https://youtu.be/MqkQhxqI7GQ Bernies Autobahnband - Donnerstag

DREIßIG

Abschließend, sozusagen als Zugabe, nochmal eine Best Albums Alltime-Liste, diesmal von Focus Online. Wärmste Empfehlung ist aber tatsächlich die Top 500 des Rolling Stone, auf die von vielen Medien immer wieder gerne hingewiesen wird. Die Top Ten befindet sich hinter der Story of Rock in meinem Buch "Blood On The Rooftops"....

FOCUS Magazin | Nr. 19 (2003)

Montag, 05.05.2003, 00:00

Ein gutes Popalbum erzählt mehr als ein grandioser Roman: mit welchen LPs Bands und Musiker Rockgeschichte geschrieben haben

1 Never Mind The Bollocks, Sex Pistols

GB 1977

Zwölf vulgäre, aggressive Songs reichen aus, um dem schwülstigen Rock der Hippies das Lied vom Tod zu singen. Mit ihrer renitenten Anti-Haltung schicken Sid Vicious & Co. die Popmusik auf ein völlig neues Gleis.

2 Revolver, The Beatles

GB 1966

Die Fab Four schlucken LSD in rauen Mengen, und Lennons Kreativität verband sich perfekt mit McCartneys Songschreiber-Kunst. Streicher, rückwärts gespielte Gitarren und Gesprächsfetzen – ein früher Ausflug in die Möglichkeiten der Studiotechnik

3 Pet Sounds, The Beach Boys

USA 1966

Was „Revolver" für die Beatles war, bedeutet „Pet Sounds" für die Combo aus Kalifornien. Band-Chef Brian Wilson konsumiert jede Menge Drogen undfrickelt im Studio das Meisterwerk der Strandjungs zusammen.

4 The Velvet Underground & Nico, Velvet Underground

USA 1967

Eines der einflussreichsten Alben mit geringem Verkaufserfolg. Im Gefolge von Pop-Art-Papst Andy Warhol kleiden sich Lou Reed & Co. in schwarzes Leder und spielen minimalistischen Großstadt-Rock.

5 Nevermind, Nirvana

USA 1991

Das letzte Zucken des RocknRoll. Der brachiale Mix aus Kurt Cobains Gitarre, Dave Grohls

Schlagzeug und Krist Novoselic Bass rockt selbst härtesten Techno nieder. Das Album verkauft sich binnen einem Jahr zehn Millionen Mal.

6 Whats Going On, Marvin Gaye

USA 1971

Nach dem Tod seiner Gesangspartnerin Tammi Terrell will sich Marvin Gaye aus der Depression befreien. Mit einem Album voll symphonisch angehauchtem Soul, den Gaye in seiner unverwechselbaren Falsett-Stimme intoniert

7 Exile On Main St., The Rolling Stones

GB 1972

Ein Wunder, dass die Stones dieses Album überhaupt fertig gestellt haben. In chaotischen Dauer-Sessions in Keith Richards Haus an der französischen Riviera basteln die fünf Herren ein eckiges, widerborstiges Meisterwerk.

8 Sgt. Peppers Lonely Hearts Club Band, The Beatles

GB 1967

Als John, Paul, George und Ringo der ewige Fankult über den Kopf wächst, ziehen sie sich zurück, suchen in Phantasieuniformen ein Alter Ego und produzieren das damals aufwändigste Studio-Album.

9 The Rise And Fall Of Ziggy Stardust, David Bowie And The Spiders From Mars

GB 1972

Multitalent Bowie nimmt die schrille Kleider- und Haartracht des Punk vorweg und schafft als Kunstfigur Ziggy Stardust das wohl erste postmoderne Rockalbum.

10 London Calling, The Clash

GB 1979

Okay, die Ramones waren früher dran, die Sex Pistols die wildere Gang. Aber die Clash waren die kreativste Punkband. Sie integrieren Ska und Reggae in die simple 1-2-3-Philosophie des Punk. Auch böse Buben können packende Songs schreiben.

11 Astral Weeks, Van Morrison

GB 1968 Beim ersten Hören sind viele Fans geschockt: Morrisons Werk klingt gar nicht wie Popmusik der 60er. Keine Hits, keine eingängigen Refrains, sondern acht Songs zwischen Jazz, Blues und Folk. Schnell findenKritiker eine neue Bezeichnung: Celtic Soul.

12 The Beatles (Weißes Album), The Beatles

GB 1968

Zwar sprechen die Beatles kaum mehr ein Wort mit- einander, doch die Spannungen innerhalb der größten Band aller Zeiten wirken sich musikalisch positiv aus. An Vielseitigkeit ist dieses Doppelalbum kaum zu überbieten.

13 Highway 61 Revisited, Bob Dylan

USA 1965

Der große Prediger des Folk wendet sich gegen seine Gemeinde. Mit elektrischer Gitarre und vieldeutigen Texten verteidigt Dylan in Stücken wie „Like A Rolling Stone" seine Eigenständigkeit gegen die Vereinnahmung der Fans.

14 Are You Experienced?, Jimi Hendrix Experience

USA 1967

Mit der Art, wie Hendrix auf Stücken wie „Foxy Lady" seine Gitarre bearbeitet, erfindet er das Instrument praktisch neu. Von den Bühnenposen des großen Gitarreros zehren noch heute Legionen von Rockstars.

15 Blonde On Blonde, Bob Dylan

USA 1966

Ein Jahr nachdem er die akustische gegen die elektrische Gitarre getauscht hat, setzt sich Dylan über alle musikalischen Grenzen hinweg. Blues, Folk, Rock – auf beinahe jedem Song erforscht „His Bobness" eine andere Stilrichtung.

16 Blood On The Tracks, Bob Dylan

USA 1975

Dylans desillusionierter Ab-gesang auf die Liebe. In einer Ehekrise mit Gattin Sara lässt der Songwriter Trauer, Enttäuschung und Wut in zehn Songs fließen, die zeigen, dass Dylan am besten arbeitet, wenn er völlig empört ist.

17 Dark Side Of The Moon, Pink Floyd

GB 1973

Das Konzeptalbum über den Geisteszustand des Ex-Floyds Syd Barrett: umnachtet. Die Platte von der dunklen Seite des Mondes verkaufte mehr als 25 Millionen Stück und war 736 Wochen in den Charts.

18 Abbey Road, The Beatles

GB 1969

19 Born To Run, Bruce Springsteen

USA 1975

20 Horses, Patti Smith

USA 1975

21 The Doors, The Doors

USA 1967

22 The Clash, The Clash

GB 1977

23 Marquee Moon, Television

USA 1977

24 Sign O The Times, Prince

USA 1987

25 The Queen Is Dead, The Smiths

GB 1986

26 It Takes A Nation Of Millions To Hold Us Back, Public Enemy

USA 1988

27 Electric Ladyland, Jimi Hendrix Experience

USA 1968

28 Automatic For The People, R.E.M.

USA 1992

29 The Joshua Tree, U2

IRE 1987

Als große Protestband der 80er erreicht die Gruppe den kreativen Höhepunkt und reitet zugleich auf der anschwellenden Irland-Welle, die Pubs in allen deutschen Städten wachsen lässt. Mit ihrem fünften Studioalbum zeigt sie zugleich, wie der ambitionierte Kunst-Rock der Zukunft klingt.

30 Let It Bleed, The Rolling Stones

GB 1969

31 Hunky Dory, David Bowie

GB 1971

32 OK Computer, Radiohead

GB 1997

33 Led Zeppelin IV, Led Zeppelin

GB 1971

34 Whos Next, The Who

GB 1971

Ursprünglich will Pete Townshend einen Nachfolger seiner Rockoper „Tommy" schreiben, doch dann entscheidet er sich für ein konventionelles Album. Zum Glück: Besser, lauter und härter klangen The Who nicht mehr.

35 The Stone Roses, The Stone Roses

GB 1989

36 Blue, Joni Mitchell

CAN 1971

37 Rubber Soul, The Beatles

GB 1965

Mit „Rubber Soul" erklimmen die Beatles eine neue Stufe ihrer Kreativität. Textlich lösen sich Lennon/McCartney von schlichten Junge-trifft-Mädchen-Geschichten, musikalisch experimentieren sie mit exotischen Instrumenten wie einer Sitar auf „Norwegian Wood" und griechisch angehauchten Gitarrenlinien auf „Michelle".

38 The Bends, Radiohead

GB 1995

39 Forever Changes, Love

USA 1967

40 (Whats The Story) Morning Glory?, Oasis

GB 1995

41 Beggars Banquet, The Rolling Stones

GB 1968

42 Blue Lines, Massive Attack

GB 1991

43 Innervisions, Stevie Wonder

USA 1973

44 Achtung Baby, U2

IRE 1991

45 Closer, Joy Division

GB 1980

Verzweiflung, Schmerz – keine Band der Post-Punk-Ära findet treffendere Töne für diese Gefühle. Sänger Ian Curtis nimmt sich kurz vor der Veröffentlichung das Leben.

46 Screamadelica, Primal Scream

GB 1991

47 Trout Mask Replica, Captain Beefheart And The Magic Band

USA 1969

48 Definitely Maybe, Oasis

GB 1994

49 Thriller, Michael Jackson

USA 1982

50 Sticky Fingers, The Rolling Stones

GB 1971

51 Transformer, Lou Reed

USA 1972

52 Kind Of Blue, Miles Davis

USA 1959

53 Rumours, Fleetwood Mac

GB 1977

54 Sun Collection, Elvis Presley

USA 1975

55 Ramones, The Ramones

USA 1976

Drei Akkorde und eine Melodie, die jedes Kind sofort mitsingen kann – die Ramones sind die erste echte Punkband und schaffen Klassiker wie „Blitzkrieg Bop" und „Judy Is Punk".

56 The Band, The Band

CAN 1969

57 After The Goldrush, Neil Young

CAN 1970

58 Dummy, Portishead

GB 1994

59 Otis Blue, Otis Redding

USA 1966

60 Grace, Jeff Buckley

USA 1994

61 Graceland, Paul Simon

USA 1986

62 Ten, Pearl Jam

USA 1991

63 Darkness On The Edge Of Town, Bruce Springsteen

USA 1978

64 Remain In Light, Talking Heads

USA 1980

65 My Aim Is True, Elvis Costello

GB 1977

66 The Wall, Pink Floyd

GB 1979

Roger Waters Opus Magnum setzt den Schlusspunkt hinter die Art-Rock-Projekte der 70er.

67 Mellon Collie And The Infinite Sadness, The Smashing Pumpkins

USA 1995

68 Theres A Riot Goin On, Sly & The Family Stone

USA 1971

69 Live At The Apollo, James Brown

USA 1963

70 Bringing It All Back Home, Bob Dylan

USA 1965

71 Appetite For Destruction, Guns N Roses

USA 1987

Die erste Studio-LP des Quintetts aus Los Angeles markiert den Scheitelpunkt der 80er-Jahre-Heavyrock-Welle. Einen besseren Song als „Welcome To The Jungle" hatte das Genre nicht mehr zu bieten.

72 Raw Power, Iggy And The Stooges

USA 1973

73 Is This It?, The Strokes

USA 2001

74 Layla, Derek And The Dominos

USA 1970

75 3 Feet High And Rising, De La Soul

USA 1989

PROMI TIPPS

94

Hans-Olaf Henkel

Die liebsten Jazztitel des Präsidenten der Leibniz-Wissenschaftsgemeinschaft

1 Parkers Mood

Charlie Parker

„Ein wunderbares Eingangsstatement, wiederholt am Schluss, dazwischen ein lyrisches Solo
"

2 Night In Tunesia

Dizzy Gillespie

„Der Einstieg Charlie Parkers ist das atemberaubendste Solo in der Geschichte des
Altsaxofons"

3 Oh, Lady Be Good

George und Ira Gershwin

„Auf ‚Jazz At The Philharmonic 1946 mit Charlie Parkers schönstem Solo"

4 The Man I Love

George und Ira Gershwin

„Gespielt von Lester Young, meinem Lieblingstenor"

5 Stardust

Hoagy Carmichael

„Aus dem ‚Apollo Hall Concert mit Lionel Hampton, der hier sein Meisterstück am Vibrafon abliefert"

PROMI TIPPS

Thomas Häßler

Hardrock vom Fußballer und Miteigentümer des Plattenlabels MTM Music

1 Get A Grip

Aerosmith

„Steve Tyler hat eine der besten Rockstimmen überhaupt. Lieblingstitel: ‚Crazy"

2 So Far So Good

Bryan Adams

„Eine Zusammenstellung seiner Hits aus den Jahren 1983 bis 1993"

3 Calm Before The Storm

Dare

„Ex-Thin-Lizzy-Keyboarder Daren Wharton ist für mich einer der gefühlvollsten Sänger und Komponisten"

4 Toto IV

Toto

„Eine Supergruppe mit Starbesetzung. Lieblingstitel: ,Rosanna, ,Africa"

5 Metallic Blue

Steelhouse Lane

„Gitarrenlastiger Hardrock. Einige Titel stammen aus der Feder von Chris Thompson (Ex-Manfred-Mann)"

Deutsche Top 20

Die besten Alben aus dem deutschsprachigen Raum

1 Trans Europa Express

Kraftwerk 1977 (82.)

2 Monarchie und Alltag

Fehlfarben 1980 (108.)

3 Tago Mago

Can 1971 (109.)

4 Computerwelt

Kraftwerk 1981 (153.)

5 Die Mensch-Maschine

Kraftwerk 1978 (173.)

6 LEtat Et Moi

Blumfeld 1994 (192.)

7 Autobahn

Kraftwerk 1974 (205.)

8 Digital ist besser

Tocotronic 1995 (238.)

9 Monster Movie

Can 1969 (252.)

10 Trio

Trio 1981 (256.)

11 Keine Macht für Niemand

Ton Steine Scherben 1972

12 Nina Hagen Band

Nina Hagen Band 1978

13 Neu!

Neu! 1972 (273.)

14 Ideal

Ideal 1980 (280.)

15 Phaedra

Tangerine Dream 1980

16 Alles klar auf der Andrea Doria

Udo Lindenberg & Das Panikorchester 1973

17 Alles ist gut

DAF 1981 (299.)

18 Haus der Lüge

Einstürzende Neubauten 1989 (304.)

19 4630 Bochum

Herbert Grönemeyer 1984

20 Damals hinterm Mond

Element Of Crime 1991

PROMI TIPPS

Reinhold Beckmann

Der 47-jährige Sportreporter und Talk-Show-Moderator arbeitet für die ARD

1 Pet Sounds

The Beach Boys

2 St. Peppers Lonely Hearts Club Band

The Beatles

3 Spooky Two

Spooky Tooth

4 Songs In The Key Of Life

Stevie Wonder

5 Hejira

Joni Mitchell

EPILOG (22.07.17)

Der Kreis schließt sich mit diesem 6. Buch LIEBE IST ALLES. Trotz der wilden Magical Mystery Tour ist die Liebe in diesem Buch der rote Faden: diverse Songtexte, das "Julia"-Video, Gedanken über die Liebe usw...

Convoy oder Citizen Kane, Black Sabbath oder Bee Gees, Coldplay oder Casper, Akte X oder Der Alte, Stephen King oder Karl May, Abba oder ZZ Top, Stanley Kubrick oder Alfred Hitchcock, R.E.M. oder Radiohead und und und... Von der "Hommage an die Frauen" bis zur Notiz "Der Anschlag in Berlin" bis zur Prosa "Samstage" - irgendwo ist alles in den 6 Büchern, das im Endeffekt EIN BUCH ist! Weitere Listen über Alben oder Songs oder Filme oder Serien? Verteilt in den 5 anderen Büchern. Weitere Prosaen, Gedanken, Erlebnisse des Autors? Verteilt in den 5 anderen Büchern... Diese 6 Bücher sind EIN BUCH mit meinen Erinnerungen, Musiklieblingen, philosophischen Gedanken und und und....

SPECIAL THANKS an Mfls (Gesamtinspiration), Martina M. (Idee und Posting zu Kapitel 21), Alexander W. (Statement in Kapitel 8), Sabrina M. (Positive Vibrations), Vater, Mutter, Gott, Universum, Schutzengel, TV, Radio, Internet, Tonträgersammlung, Rolling Stone, Musikexpress, Eclipsed, DVD- und Videosammlung, Buchsammlung, Annweiler/SÜW/LD,

Frank Laufenberg, Nik Cohn, Stefanie Tücking, Ray Cokes und und und....

https://youtu.be/LyMAcg0zSg8 Marusha @ Love Parade 98

DIE ANTWORTEN ZUM QUIZ IN KAPITEL 15

1. JAG - Im Auftrag der Ehre

2. z.B. All You Need Is Love - The Beatles, And I Love Her - The Beatles, Love Is In The Air - John Paul Young, Your Love Is King - Sade, How Deep Is Your Love - Bee Gees, We Love You - Rolling Stones, Whole Lotta Love - Led Zeppelin, Love In Your Eyes - Gazebo, Love In An Elevator - Aerosmith, For Your Love - Yardbirds...

3. Cilly Aussem 1931 (6:2, 7:5 gegen die Deutsche Hilde Krahwinkel)

4. z.B. Mit Schirm Charme und Melone, Dr. Who, Die Profis, Sherlock, Downton Abbey, Inspector Barnaby, Mondbasis Alpha, Follyfoot Farm...

5. 1975 nach Ende der "Lamb Lies Down"-Tour

6. Richard Roundtree

7. Barbara Eden

8. Die Farbe des Geldes

9. Fritz Walter, Uwe Seeler, Franz Beckenbauer, Lothar Matthäus, Jürgen Klinsmann

10. Big Mama Thornton (von ihr stammt auch das Original von "Ball And Chain" - Janis Joplin)

11. Blue & Lonesome

12. z.B. The Joshua Tree - U 2, Tango In The Night - Fleetwood Mac, Diesel And Dust - Midnight Oil, A Momentary Lapse Of Reason - Pink Floyd, Bad - Michael Jackson, Hysteria - Def Leppard, Faith - George Michael, Actually - Pet Shop Boys...

13. Monika Bleibtreu und Hans Brenner

14. No Doubt

15. Lauren Bacall

NACHTRAG (23.07.17)

Letztes Jahr, 2016, in der Ausbildung zum Seniorenbetreuer "Honig im Kopf" gesehen. Toller Film! Heute Nachmittag freudige, dankbare Gesichter gesehen, "aah, ess Gerdsche...". Als Besucher automatisch sofort im Betreuermodus. Meine Berufung! Aber ich bin zu geil für diese BRD-Seniorenheim-Knäste!

Wieviele Leben hatte ich vor diesem Leben? Lebte ich im Neanderthal? Irgendwann, 2050 oder so... Die Menschen gehen hektisch ihrer Dinge nach, die Kirchturmuhr schlägt 3/4 2, die Sonne reflektiert auf den Autoscheiben, ein Hund bellt, Kinder schreien freudig im Spiel, wie seit Jahrtausenden fließt der Rhein seine Wege... Aber Gerd ist in einer anderen Welt: schon im nächsten Leben? DIE philosophische Frage aller philosophischen Fragen!!

Es gibt auch in DIESEM Leben viele Leben! Mannheim 1981 - 1984, "In Monnem wohne, in Heidelberg weggehe", musikalisch umrahmt von The Police, Dire Straits, Gazebo, The Catch, Eurythmics, Depeche Mode, Sade... Damals in der Schwetzinger Vorstadt, Herzogenried, Käfertal, Heidelberger Altstadt... Wer war das? Tatsächlich ich! Bis heute liebe ich meine Mannheim-Zeit, aber es war in einem anderen Leben... Die Monate in Frankfurt/Main, die Zeiten in Stuttgart/Ludwigsburg, oder ganz der Anfang - das erste Leben der Leben in diesem Leben: Schifferstadt/Mutterstadt 1959 - 1966, mit meinem Lieblingsverwandten Großvater, das Mäuselöcher zählen im Wald... Enkenbach 1968, Schwedelbach 1973, Kaiserslautern 1988... Sooo viele Leben... Verhalten, Weltblick, Zeitgeist, Entwicklung, Charakter: immer wieder Änderungen, Rückschläge, Verbesserungen, immer wieder wie Phoenix aus der Asche, natürlich verbindet die Leben ein roter Faden, aber z.B. Leben auf der Erde als 18jähriger (mit der legendärsten Geburtstagsparty ever) und Leben auf der Erde als 57jähriger (mit neuen Aufgaben und Prüfungen) sind zwei verschiedene Welten!

https://youtu.be/i7d0Lm_31BE Twin Peaks Intro High Quality

Umschlagfotos: vom Autor (zeigt eine Gasse in Annweiler am Trifels und ein paar CDs von mir)

104 Seiten... Wie das 1. Buch "Blood On The Rooftops"... Unabsichtlich - und Zufälle gibt es ja nicht... Wow...

Aber wir sind ja auf der Magical Mystery Tour und da geht es jetzt weiter - kann aus Nachwehen (Kapitel 7, 20) momentan eh nicht veröffentlichen... Und da es definiv das letzte Buch ist, das letzte Werk des "Sixpack", möchte ich weitere Gedanken, die mir so in den Synapsen umherschwirren, zu Papier bringen...

INHALT TEIL 2...

A - Den Reichtum an Glück, Freiheit, Unabhängigkeit mehren, oder: der Traum mit 57!

B - Endlich der komplette Songtext von "Blood On The Rooftops", oder: Sunday 1977

C - Vadder, de Betze hott schunn widder verlore, oder: R.I.P. Vater 1935 - 2017 <3

D - Und nochmal über TV-Serien..., oder: Zeitreise mit dem Follyfoot-Theme...

E - Die besten Gitarristen aller Zeiten, oder: PartyTime mit Eddie´s Eruption

F - Grammy Winner Album Of The Year 1959 - 2017, oder: Sinatra vs Beatles 3:1

A

MEIN GEBURTSTAG, Weihnachten und - an diesem Wochenende zum dritten Mal - das
Richard Löwenherz Fest in Annweiler, sind für mich Fixpunkte des Rückblicks, des "Wie weit
bin ich gekommen in den letzten Monaten"-Sinnierens. Bis zum nächsten Mal möchte ich
das und das erreicht haben! Oder: Sch... Ich hab gedacht, ich wäre nach einem Jahr weiter...
Oder: Super! Welch ein Fortschritt!

Interessant, wie sich Verhalten, Denkweise, Vernunft, Tun, Ziele, Träume
verbessern/ändern/anpassen/frei machen - je nach dem. Und mit 57 bin ich anders drauf
wie mit 16, 28 oder 40. Es heißt ja immer so schön, hätte ich mit der jungen Kraft von 23 die
Erkenntnisse des Lebens mit 57 gehabt... Andererseits: alles soll sein, wie es ist, sich
entwickelt, kommt. Daher ist mein Leben perfekt - Perfektion und Glück und Freiheit haben
nichts mit Reichtum, stromlinienförmiges Spießbürgermainstreamtum zu tun. Reich bin ich
mit meinen besten Freunden, der Natur und der Idylle von Annweiler, der Freiheit meines
Tuns und Denkens. Ich darf nun die Möglichkeiten checken und versuchen und probieren,
meinen Reichtum aus Glück, Zufriedenheit, Freiheit, natürlich auch Kohle, Unabhängigkeit
auf MEINE Art zu mehren.

Die meisten Menschen sind zu sehr in der Maschinerie der kleinen Rädchen eingespannt,
machen jeden Zeitgeist-Mist mit, opfern ihr freies Leben für
Beruf/Karriere/Kohle/Häuschen/Auto/2 mal Urlaub im Jahr... Sie opfern
Familienglück/Kinder/Freiheit/Ideale/Hobbies dem vorgenormten Gesellschaftsmainstream,
von Medien und Regierungen verordnet. Ohne mich! OK, bisschen muss man halt mit dem
Strom mitschwimmen, um seine eigentlichen Ziele und Bedürfnisse zu verwirklichen.

Ich weiß nicht, ob mein Plan aufgeht! Aber ich werde mein Möglichstes dazu tun. Und
vorallem: in my old residence K-Town wäre dies nicht möglich gewesen! Dies habe ich die
letzten Jahre gelernt, irgendwie schlummerte der Wille schon immer in mir (und erklärt
manchen Lebensabschnitt oder manches Erlebnis), aber das "Wie" war noch nicht zu mir
vorgedrungen.

Liebe ist alles...

B

Endlich der komplette Songtext von "Blood On The Rooftops" (Genesis, Wind & Wuthering
1976). Beim Klappentext des gleichnamigen 1. Buches sind ja nur die ersten Textzeilen...
Dieser Song mit seinen Melodienbögen, seiner Melancholie, Hackett´s Gitarre, die eine
Songstelle mit dem Gänsehauteffekt, ein fester Bestandteil meines Lebens forever! 1976
oder 1978 in meinem Kellerzimmer in Schwedelbach... Sonntagmorgen, irgendwann um 2
oder 3 heingekommen, zwischen Frühstück und Mittagessen chillen, dösen, Musik hören,
Plattenspieler, Genesis, Pink Floyd, Udo Lindenberg....

Genesis – Blood On The Rooftops Lyrics

Dark and grey, an English film, the Wednesday play

We always watch the Queen on Christmas Day

Won't you stay?

Though your eyes see shipwrecked sailors you're still dry

The outlook's fine though Wales might have some rain

Saved again.

Let's skip the news boy (I'll go and make some tea)

Arabs and Jews boy (too much for me)

They get me confused boy (puts me off to sleep)

And the thing I hate, oh Lord!

Is staying up late, to watch some debate, on some nation's fate.

Hypnotized by Batman, Tarzan, still surprised!

You've won the West in time to be our guest

Name your prize!

Drop of wine, a glass of beer dear what's the time?

The grime on the Tyne is mine all mine all mine

Five past nine.

Blood on the rooftops, Venice in the spring

The Streets of San Francisco, a word from Peking

The trouble was started, by a young Errol Flynn

Better in my day, oh Lord!

For when we got bored, we'd have a world war, happy but poor

So let's skip the news boy (I'll go and make some tea)

Blood on the rooftops (too much for me)

When old Mother Goose stops, and they're out for twenty three

Then the rain at Lords stopped play

Seems Helen of Troy has found a new face again.

Songwriters: COLLINS, PHIL/HACKETT, STEVEN

Blood On The Rooftops lyrics © EMI Music Publishing, Sony/ATV Music Publishing LLC, IMAGEM U.S. LLC

https://youtu.be/EeZRdd_1b4g Genesis - Blood On The Rooftops

Meine you tube-Playlist mit 30 Genesis-Songs finden Sie in "Blood On The Rooftops Teil 2" - in "Gerds Blood" sind 2 Songs erwähnt, die auch zur Liste gepasst hätten...

C

Vor ca. einer Woche erkannte ich bei einem "Umtrunk", das mein Vater der herzensguteste Mensch war! Er war immer für mich da, aber der Gedanke der herzensguten Güte seinerseits kam mir nicht. Unser Verhältnis war zweideutig. Einerseits verstanden wir uns bei meinen Besuchen prima, hatten wir tolle Nachmittage, redeten wir über Fußball oder Politik, half ich ihm am PC usw. Und Fahrgeld gab es auch immer. Und Nahrungsmittel auch... Klopapier, Kaffee, Katzenleckerli war prinzipiell immer dabei... Mutter hatte vom Kochen immer was übrig für mich zum nächsten Tag, oder sie machte zusätzlich Frikadellen für zwischendurch und für Weihnachten gab es genügend Gebackenes. Was für eine Familie, welch Liebesbezeugungen - auf den ersten Blick...

Am 17.2.17 starb völlig überraschend mein Vater im 4 Monats- Urlaub in Fuerteventura. Ich sah ihn zuletzt im Oktober des Vorjahres. Im November flogen die Beiden ja schon los. Meine Mutter hat nach dem ersten Schock und der Trauerarbeit einen guten Lebensweg gefunden. Wie sie alles meistert, da bin ich schon stolz auf sie. Vater wurde über den Atlantik verstreut, was sein Wille war. Mit Mutter musste ich ja auch ein quasi neues Verhältnis aufbauen. Es klappt bisher prima, ich helf ihr wo ich kann und sie ist sehr selbständig (sie war ja vorher nie allein für sich zuständig).

Vater hatte seinen eigenen Kopf und vorgefasste Meinungen. Oft ließ er sich von Klischees und Vorurteilen leiten. Er las DIE Printmedien, die seine Meinungen bestätigten... Sagte er selbst bei einer Diskussion! In meiner jugendlichen Sturm- und Drangzeit und leider auch etwas später baute ich Scheiße (bevorzugt filmreife Autounfälle, Führerscheinentzüge). Und da fing unser Problem an: dies wurde mir immer wieder vorgeworfen bei bestimmten Momenten und Gesprächen. Er hatte mir geholfen, um es mir dann aufs Butterbrot zu schmieren... Meine Lehrerin B (mit den Spiegelheften und dem Floh de Cologne-Konzert in Kapitel 6...) war für ihn ein rotes Tuch... Politische Diskussionen liefen durchaus auch mal aus dem Ruder...

Gerne würde ich mit ihm eine politische Diskussion führen, über die Fußball-Bundesliga quatschen - aber dieser Lebensabschnitt ist abgeschlossen. So bleiben mir tolle Erinnerungen, vom Pilze sammeln mit 10 oder 11 bis uff de Betze gehe im gleichen Alter, von den gemeinsamen Haus/Gartenarbeiten in Schwedelbach bis zur Nummer mit dem Dämmerschoppen in Andrian/Südtirol.... R.I.P. Vater <3

Diesen Song hörte er gerne:

https://youtu.be/omjZ73GFPaQ Glenn Miller - In The Mood

Bei diesem Song lernten sich meine Eltern kennen:

https://youtu.be/X22vAmpZSdY Mieke Telkamp - Tulpen aus Amsterdam

D

Donna Leon, Emergency Room, Castle, Auf der Flucht.... Hab ich eigentlich Chicago 1930 erwähnt.... Viele, viele Serien sind auf diese 6 Bücher verteilt.... Über Der Kommissar oder Dallas oder Miami Vice habe ich ausführlicher in "Blood On The Rooftops" geschrieben....

Serien sind ständige Begleiter und kehren immer wieder zu einem zurück. Gleichbedeutend mit Favoritenalben und Lieblingsfilmen oder dem Fußballverein des Herzens, bringen sie mich zu anderen Zeiten, Momenten, Erinnerungen zurück.

Kojak (Einsatz in Manhattan) zeigte mir das New York City der 70er, Miami Vice brachte mir den Soundtrack der 80er, Akte X verführte mich in die Mysterywelten der 90er... Als kleines Kind Lieber Onkel Bill oder Lassie oder Daktari oder Am Fuß der blauen Berge oder Flipper, als Teenie Der Bastian, Follyfoot Farm, Eine amerikanische Familie und und.... Percy Stuart oder Der Seewolf-Weihnachtsvierteiler, The Waltons oder die Tarzan-Serie mit Ron Ely, The Muppets oder Welcome Back Kotter..... Die Serien der Kindheit und Teeniejahre sind tief im Erinnerungsvermögen eingegraben.

Von Criminal Minds bis zur MacGyver-Wiederbelebung, von der Hawaii 5-0-Wiederbelebung bis Scorpion (meine neueste Serienentdeckung) oder The Big Bang Theory usw - und The Simpsons sowieso: natürlich sehe ich auch heute sehr gerne TV-Serien, aber es ist nicht mehr dasselbe. Nur noch wenige Serien bannen mich so vor dem Bildschirm, das ich am Liebsten alle Klingeln abstellen würde. Downton Abbey war so eine Serie, Sons of Anarchy war so eine Serie, Homeland ebenfalls (wo ich sie noch sehen konnte...). Sicherlich macht es einen Unterschied, ob ich mit 10, 20 oder 57 eine Serie schaue - aber ich habe den Eindruck, das viele Serien wie die Jetztzeit-Autos sind: stromlinienförmiger Mainstream! Die TV-Serie erlebt seit Jahren durch HBO, showtime, amazon und Co. eine kreative Auferstehung mit Akteuren, die sonst in Hollywood Filme drehen. Hierzulande sind die meisten dieser Topserien NICHT im Free-TV: sozusagen Bones auf RTL forever....

https://youtu.be/SaA-z3E6F3E House Season 1 Trailer

https://youtu.be/c1h6c8P7D0c Akte X Collection - Blu-ray Trailer (Deutsch/German)

https://youtu.be/oVo7BFss8Vc The Lightning Tree - Follyfoot TV Theme (1973)

E

"..... Spontan kommt mir ein kleiner Club in Detmold, Germany, in den Sinn. Es war am Ende der Tour. Wir waren müde.... Es war einer dieser engen.... Clubs.... Plötzlich fing Randy Feuer...Es war wie mit Hendrix spielen oder einer der anderen Legenden. Ich stand mit meinem Bass hinter einem der begabtesten Gitarristen, die die Welt je sehen wird. Ich sah ihm einfach zu, während wir spielten. Sah ihn verloren in einer anderen Welt. Und er lächelte". (Spirit-Bassist Mike Nile über Randy California, rororo-Rocklexikon, Ausgabe 2008,

Seite 1684)

Die große Frage nach dem besten Gitarristen aller Zeiten! Besonders in den 60ern und 70ern waren Leadgittaristen Götter. Im London der 60er stand dann auch an einer Hauswand: Clapton is God. Es gibt die großen, historischen Namen, die relativ Unbekannten, die eigenen Favoriten.

Steve Hackett und Mike Rutherford (Genesis), David Gilmour (Pink Floyd), Jimi Hendrix, Eric Clapton (Cream, Blind Faith), Mark Knopfler (Dire Straits), Andy Summers (The Police), The Edge (U 2), Jimmy Page (Led Zeppelin), Ritchie Blackmore und Steve Morse (Deep Purple), Angus Young (AC/DC), Randy California (Spirit), John Cipollina (Quicksilver Messenger Service), B.B. King, Brian May (Queen), Steve Howe (Yes), Jeff Beck, Rory Gallagher, Eddie Van Halen (Van Halen), Mick Taylor (Rolling Stones), Slash (Guns n Roses), Prince, Neil Young u.v.a. Sehr zu empfehlen dazu das Rolling Stone-Sonderheft "Die besten Gittaristen"! Natürlich in meiner Printsammlung....

Große Gitarrensolis (Comfortably Numb, Free Bird, Purple Rain, Highway Star, Stairway To Heaven, November Rain, Heartbreaker, Time Waits For No One....), grandiose Intros oder Acousticinstrumentals (You Really Got Me, Satisfaction, Horizons, Johnny B. Goode....). Die Rockwelt ist voll von sensationellen Gitarrengewittern, Luftgitarren spielen wollen, abfahren, abhotten, eins werden mit dem Gitarrensoli: zum Bier trinken und Party machen zu Mute ist mir bei diesem Solotrip:

https://youtu.be/FLApZ_vX8bw Van Halen - Eddie Van Halen solo HD Pittsburgh 03-30-2012.MTS

Das Video stellte ein US-Freund meiner fb-Mentorin Ca. rein...

F   (1. August 2017)

Hab telefonisch das OK von BoD bekommen, morgen kann ich das Buch zur Veröffentlichung hochladen! Schneller ans Ziel gekommen wie gedacht...

In den 6 Büchern wurden viele Wikipedias eingeflechtet: entweder große Listen (wie z.B. in diesem Buch über die 128 erfolgreichsten Filme - inflationsbereinigt) oder Begriffswikipedias (Liebe, Smoke On The Water - ich glaube, beides in Buch 1...). Abschließend nach über 7 Monaten Schreiblust und 6 Büchern (welches EIN Buch ist...), nochmal eine große Liste, die Grammy Winner 1959 - 2017 "Best Album Of The Year".... Lasst Euch nicht verwirren, wenn z.B. urplötzlich "Stevie Wonder 2009" zwischendrin steht - das waren die Wikihinweise auf die Fotos.... Aber daaas alles wegmachen, nööö, Magical Mystery-Mitfahrer kapieren das auch so, lach...

Der Grammy Award for Album of the Year konnte von drei Interpreten, nämlich Frank
Sinatra, Stevie Wonder und Paul Simon, jeweils drei Mal gewonnen werden, die sich somit
den Rekord für die meisten Auszeichnungen teilen. Letzterer gewann einen dieser Preise als
Teil der Gruppe Simon & Garfunkel. Frank Sinatra und Paul McCartney wurden beide acht
Mal nominiert und sind somit die Interpreten mit den meisten Nominierungen. Sieben
Interpreten wurden drei Mal nominiert ohne prämiert zu werden. Diesen Rekord teilen sich
Elton John, die Rapper Eminem und Kanye West, Lady Gaga, Mariah Carey, Radiohead und
Sting.

44 Mal waren Interpreten aus den Vereinigten Staaten erfolgreich, somit ist es das Land mit
den meisten Auszeichnungen. Interpreten aus Großbritannien konnten den Preis zehn Mal
gewinnen, Kanada stellte bei drei Verleihungen die Preisträger. Durch die Erfolge von U2
ging die Auszeichnung zwei Mal an irische Interpreten. Mit dem Inder Ravi Shankar, dem
Deutschen Klaus Voormann, die beide 1973 ausgezeichnet wurden, sowie dem Brasilianer
João Gilberto ging der Preis insgesamt drei Mal an Interpreten aus einem nicht
englischsprachigen Land.

Bei den Produzenten teilen sich vier Personen den Rekord für die meisten Preise: Daniel
Lanois, David Foster, Phil Ramone und Stevie Wonder wurden je drei Mal ausgezeichnet. Die
Toningenieure Chris Theis, Commissioner Gordon, Jim Scott, Mike Piersante, Tony Prendatt
und Warren Riker wurden für ihre Arbeit in dieser Kategorie je zwei Mal prämiert und sind
damit die erfolgreichsten Tontechniker. Bernie Grundman und Gavin Lurssen wurden beide
zwei Mal für das Mastering ausgezeichnet und sind somit in diesem Bereich die
Rekordhalter.

Gewinner und Nominierte

Jahr   Künstler / Band Nationalität   Werk   Weitere nominierte Künstler   Bilder
der Künstler

1959

4. Mai 1959   Henry Mancini Vereinigte Staaten Vereinigte Staaten   The Music from
Peter Gunn

Ella Fitzgerald – Ella Fitzgerald Sings the Irving Berlin Songbook

Frank Sinatra – Only the Lonely

Frank Sinatra – Come Fly with Me

Van Cliburn – 1. Klavierkonzert

1960

29. November 1959   Frank Sinatra   Vereinigte Staaten Vereinigte Staaten   Come Dance with Me

Harry Belafonte – Belafonte at Carnegie Hall

Henry Mancini – More Music from Peter Gunn

Robert Russell Bennett – Victory at Sea, Vol. 1

Van Cliburn – 3. Klavierkonzert

1961

13. April 1961   Bob Newhart   Vereinigte Staaten Vereinigte Staaten   Button Down Mind

Erich Leinsdorf – Turandot

Frank Sinatra – Nice'n'Easy

Harry Belafonte – Belafonte Returns to Carnegie Hall

Nat King Cole – Wild Is Love

Sviatoslav Richter – 2. Klavierkonzert

Bob Newhart (1991)

1962

29. Mai 1962   Judy Garland   Vereinigte Staaten Vereinigte Staaten   Judy at Carnegie Hall

Henry Mancini – Filmmusik zu Frühstück bei Tiffany

Nat King Cole – The Nat King Cole Story

Ray Charles – Genius + Soul = Jazz

Si Zentner, Johnny Mann Singers – Great Band with Great Voices

Johnny Green – Filmmusik zu West Side Story

Judy Garland (1945)

1963

15. Mai 1963   Vaughn Meader   Vereinigte Staaten Vereinigte Staaten   The First
Family

Allan Sherman – My Son, the Folk Singer

Ray Charles – Modern Sounds in Country and Western Music

Stan Getz, Charlie Byrd – Jazz Samba

Tony Bennett – I Left My Heart in San Francisco

1964

12. Mai 1964   Barbra Streisand   Vereinigte Staaten Vereinigte Staaten   The Barbra
Streisand Album

Al Hirt – Honey in the Horn

Henry Mancini – Filmmusik zu Die Tage des Weines und der Rosen

Swingle Singers – Jazz Sebastien Bach (Bach's Greatest Hits)

The Singing Nun – Filmmusik zu Dominique – Die singende Nonne

Barbra Streisand (1962)

1965

13. April 1965   Stan Getz, João Gilberto   Vereinigte Staaten Vereinigte Staaten,
Brasilien Brasilien   Getz/Gilberto

Al Hirt – Cotton Candy

Barbra Streisand – People

Henry Mancini – Filmmusik zu Der rosarote Panther

Jule Styne, Robert Merrill – Funny Girl

João Gilberto (1996)

1966

15. März 1966   Frank Sinatra

Sonny Burke (Produzent)[5]   Vereinigte Staaten Vereinigte Staaten   September of My
Years

Barbra Streisand – My Name Is Barbra

Eddy Arnold – My World

Julie Andrews – Filmmusik zu Meine Lieder – meine Träume

The Beatles – Help!

Frank Sinatra (1973)

1967

2. März 1967   Frank Sinatra

Sonny Burke (Produzent)[6]   Vereinigte Staaten Vereinigte Staaten   Sinatra: A Man and
His Music

Barbra Streisand – Color Me Barbra

Herb Alpert – What Now My Love

Maurice Jarre – Filmmusik zu Doktor Schiwago

The Beatles – Revolver

Frank Sinatra (1960)

1968

29. Februar 1968	The Beatles

George Martin (Produzent)[7]	Vereinigtes Königreich Vereinigtes Königreich	Sgt. Pepper's Lonely Hearts Club Band

Vikki Carr – It Must Be Him

Bobbie Gentry – Ode To Billie Joe

Ed Ames – My cup runneth over

Frank Sinatra, Antônio Carlos Jobim – Francis Albert Sinatra & Antonio Carlos Jobim

The Beatles (1967)

1969

12. März 1969	Glen Campbell

Al De Lory (Produzent)[8]	Vereinigte Staaten Vereinigte Staaten	By the Time I Get to Phoenix

José Feliciano – Feliciano!

Richard Harris – A Tramp Shining

Simon & Garfunkel – Bookends

The Beatles – Magical Mystery Tour

Glen Campbell (ca. 1970)

1970

11. März 1970   Blood, Sweat & Tears

James William Guercio (Produzent)[9]   Vereinigte Staaten Vereinigte Staaten   Blood, Sweat & Tears

Crosby, Stills and Nash – Crosby, Stills and Nash

Johnny Cash – At San Quentin

The Fifth Dimension – The Age Of Aquarius

The Beatles – Abbey Road

Blood, Sweat & Tears

1971

16. März 1971   Simon & Garfunkel

Roy Halee, Paul Simon, Art Garfunkel (Produzenten)[10]   Vereinigte Staaten Vereinigte Staaten   Bridge over Troubled Water

Chicago – Chicago

Crosby, Stills, Nash and Young – Déjà Vu

Elton John – Elton John

James Taylor – Sweet Baby James

Carpenters – Close to You

Simon & Garfunkel (1981)

1972

15. März 1972   Carole King

Lou Adler (Produzent)[11]   Vereinigte Staaten Vereinigte Staaten   Tapestry

Darsteller von Jesus Christ Superstar – Jesus Christ Superstar

George Harrison – All Things Must Pass

Isaac Hayes – Shaft

Carpenters – Carpenters

Carole King (1998)

1973

3. März 1973   George Harrison, Billy Preston, Bob Dylan, Eric Clapton, Klaus Voormann, Leon Russell, Ravi Shankar, Ringo Starr

George Harrison, Phil Spector (Produzenten)[12]   Vereinigtes Königreich Vereinigtes Königreich,

Vereinigte Staaten Vereinigte Staaten,

Deutschland Deutschland,

Indien Indien   The Concert for Bangla Desh

Don McLean – American Pie

Neil Diamond – Moods

Harry Nilsson – Nilsson Schmilsson

Darsteller von Jesus Christ Superstar – Jesus Christ Superstar

1974

2. März 1974   Stevie Wonder

Stevie Wonder (Produzent)[13] Vereinigte Staaten Vereinigte Staaten   Innervisions

Bette Midler – The Divine Miss M

Charlie Rich – Behind Closed Doors

Paul Simon – There Goes Rhymin' Simon

Roberta Flack – Killing Me Softly

Stevie Wonder (2009)

1975

1. März 1975   Stevie Wonder

Stevie Wonder (Produzent)[14] Vereinigte Staaten Vereinigte Staaten   Fulfillingness' First Finale

Elton John – Caribou

John Denver – Back Home Again

Paul McCartney and the Wings – Band on the Run

Joni Mitchell – Court and Spark

Stevie Wonder (2006)

1976

28. Februar 1976   Paul Simon

Paul Simon, Phil Ramone (Produzenten)[15]   Vereinigte Staaten Vereinigte Staaten   Still Crazy After All These Years

Elton John – Captain Fantastic and the Brown Dirt Cowboy

Janis Ian – Between the Lines

Linda Ronstadt – Heart Like a Wheel

Eagles – One of These Nights

Paul Simon (2000)

1977

19. Februar 1977   Stevie Wonder

Stevie Wonder (Produzent)[16] Vereinigte Staaten Vereinigte Staaten   Songs in the Key of Life

Boz Scaggs – Silk Degrees

Chicago – Chicago X

George Benson – Breezin

Peter Frampton – Frampton Comes Alive

Stevie Wonder (2009)

1978

23. Februar 1978   Fleetwood Mac

Fleetwood Mac, Ken Caillat, Richard Dashut (Produzenten)[17]   Vereinigtes Königreich Vereinigtes Königreich,

Vereinigte Staaten Vereinigte Staaten   Rumours

James Taylor – JT

John Williams – Filmmusik zu Krieg der Sterne

Steely Dan – Aja

Eagles – Hotel California

Fleetwood Mac (2009)

1979

15. Februar 1979   Bee Gees und verschiedene Interpreten[Fußnote 1]

Albhy Galuten, Arif Mardin, Bee Gees, Bill Oakes, Bobby Martin, Broadway Eddie, David Shire, Freddie Perren, Harry Wayne Casey, Karl Richardson, Ralph MacDonald, Richard Finch, Ron Kersey, Thomas J. Valentino, William Salter (Produzenten)[18]   Vereinigte

Staaten Vereinigte Staaten   Saturday Night Fever: The Original Movie Sound Track

Barry Manilow – Even Now

Jackson Browne – Running on Empty

Soundtrack aus Grease

The Rolling Stones – Some Girls

        Bee Gees (1977)

1980

27. Februar 1980   Billy Joel

Phil Ramone (Produzent)[19]   Vereinigte Staaten Vereinigte Staaten   52nd Street

Donna Summer – Bad Girls

Kenny Rogers – The Gambler

Supertramp – Breakfast in America

The Doobie Brothers – Minute by Minute

        Billy Joel (2006)

1981

25. Februar 1981   Christopher Cross

Michael Omartian (Produzent)[20]   Vereinigte Staaten Vereinigte Staaten   Christopher Cross

Barbra Streisand, Barry Gibb – Guilty

Billy Joel – Glass Houses

Frank Sinatra – Trilogy: Past, Present, Future

Pink Floyd – The Wall

Christopher Cross (2000)

1982

24. Februar 1982   John Lennon, Yoko Ono

Jack Douglas, John Lennon, Yoko Ono (Produzenten)[21]   Vereinigtes Königreich
Vereinigtes Königreich,

Vereinigte Staaten Vereinigte Staaten   Double Fantasy

   Al Jarreau – Breakin' Away

   Kim Carnes – Mistaken Identity

   Quincy Jones – The Dude

   Steely Dan – Gaucho

   John Lennon und Yoko Ono

1983

23. Februar 1983   Toto

Toto (Produzent)[22]   Vereinigte Staaten Vereinigte Staaten   Toto IV

   Billy Joel – The Nylon Curtain

   Donald Fagen – The Nightfly

   John Mellencamp – American Fool

   Paul McCartney – Tug of War

   Toto (2010)

1984

28. Februar 1984   Michael Jackson

Quincy Jones, Michael Jackson (Produzenten)[23]   Vereinigte Staaten Vereinigte

Staaten   Thriller

Billy Joel – An Innocent Man

David Bowie – Let's Dance

verschiedene Interpreten[Fußnote 2] – Flashdance

The Police – Synchronicity

Michael Jackson (1984)

1985

26. Februar 1985   Lionel Richie

James Anthony Carmichael, Lionel Richie (Produzenten)[24]   Vereinigte Staaten
Vereinigte Staaten   Can't Slow Down

Bruce Springsteen – Born in the U.S.A.

Cyndi Lauper – She's So Unusual

Prince and the Revolution – Purple Rain

Tina Turner – Private Dancer

Lionel Richie (2006)

1986

25. Februar 1986   Phil Collins

Hugh Padgham, Phil Collins (Produzenten)[25]   Vereinigtes Königreich Vereinigtes
Königreich   No Jacket Required

Dire Straits – Brothers in Arms

Sting – The Dream of the Blue Turtles

USA for Africa – We Are the World

Whitney Houston – Whitney Houston

Phil Collins (2005)

1987

24. Februar 1987   Paul Simon

Paul Simon (Produzent)[26]   Vereinigte Staaten Vereinigte Staaten   Graceland

Barbra Streisand – The Broadway Album

Janet Jackson – Control

Peter Gabriel – So

Steve Winwood – Back in the High Life

Paul Simon (2008)

1988

2. März 1988   U2

Brian Eno, Daniel Lanois (Produzenten)[27]   Irland Irland   The Joshua Tree

Trio – Trio

Michael Jackson – Bad

Prince – Sign o' the Times

Whitney Houston – Whitney

U2 (2005)

1989

22. Februar 1989   George Michael

George Michael (Produzent)[28]   Vereinigtes Königreich Vereinigtes Königreich
        Faith

Bobby McFerrin – Simple Pleasures

Steve Winwood – Roll with It

Sting – ...Nothing Like The Sun

Tracy Chapman – Tracy Chapman

George Michael (2006)

1990

21. Februar 1990   Bonnie Raitt

Don Was (Produzent)[29]   Vereinigte Staaten Vereinigte Staaten   Nick of Time

Don Henley – The End of the Innocence

Fine Young Cannibals – The Raw and the Cooked

The Traveling Wilburys – Traveling Wilburys Vol. 1

Tom Petty – Full Moon Fever

Bonnie Raitt (2007)

1991

20. Februar 1991   Quincy Jones

Quincy Jones (Produzent)[30]   Vereinigte Staaten Vereinigte Staaten   Back on the Block

Mariah Carey – Mariah Carey

MC Hammer – Please Hammer Don't Hurt 'Em

Phil Collins – ...But Seriously

Wilson Phillips – Wilson Phillips

Quincy Jones (2007)

1992

26. Februar 1992   Natalie Cole

David Foster (Produzent)[31]   Vereinigte Staaten Vereinigte Staaten   Unforgettable…
with Love

Amy Grant – Heart in Motion

Bonnie Raitt – Luck of the Draw

Paul Simon – The Rhythm Of The Saints

R.E.M. – Out of Time

Natalie Cole (2007)

1993

24. Februar 1993   Eric Clapton

Russ Titelman (Produzent)[32]   Vereinigtes Königreich Vereinigtes Königreich   Unplugged

Annie Lennox – Diva

k.d. lang – Ingenue

verschiedene Interpreten[Fußnote 3] – Die Schöne und das Biest

U2 – Achtung Baby

Eric Clapton (2010)

1994

1. März 1994   Whitney Houston

Babyface, BeBe Winans, David Cole, David Foster, L.A. Reid, Narada Michael Walden, Robert
Clivilles (Produzenten)[33]   Vereinigte Staaten Vereinigte Staaten   The Bodyguard:
Original Soundtrack Album

Billy Joel – River of Dreams

Donald Fagen – Kamakiriad

R.E.M. – Automatic for the People

Sting – Ten Summoner's Tales

Whitney Houston (2009)

1995

1. März 1995   Tony Bennett

David Kahne (Produzent)[34]   Vereinigte Staaten Vereinigte Staaten   MTV Unplugged

Seal – Seal

Die drei Tenöre – The 3 Tenors in Concert, 1994

Eric Clapton – From the Cradle

Bonnie Raitt – Longing in Their Hearts

Tony Bennett (2006)

1996

28. Februar 1996   Alanis Morissette

Glen Ballard (Produzent)[35]   Kanada Kanada Jagged Little Pill

Joan Osborne – Relish

Mariah Carey – Daydream

Michael Jackson – HIStory – Past, Present and Future Book I

Pearl Jam – Vitalogy

Alanis Morissette (2007)

1997

26. Februar 1997   Céline Dion

Aldo Nova, Billy Steinberg, Dan Hill, David Foster, Humberto Gatica, Jean-Jacques Goldman, Jeff Bova, Jim Steinman, John Jones, Ric Wake, Rick Hahn, Rick Nowels, Roy Bittan, Steven Rinkoff (Produzenten)[36]   Kanada Kanada Falling Into You

Beck – Odelay

verschiedene Interpreten[Fußnote 4] – Waiting to Exhale: Original Soundtrack Album

The Fugees – The Score

The Smashing Pumpkins – Mellon Collie and the Infinite Sadness

Céline Dion (2008)

1998

25. Februar 1998   Bob Dylan

Daniel Lanois (Produzent)[37]   Vereinigte Staaten Vereinigte Staaten   Time Out of Mind

Babyface – The Day

Paul McCartney – Flaming Pie

Paula Cole – This Fire

Radiohead – OK Computer

Bob Dylan

1999

24. Februar 1999   Lauryn Hill

Lauryn Hill (Produzent)

Chris Theis, Commissioner Gordon, Johnny Wydrycz, Ken Johnston, Matt Howe, Storm

Jefferson, Tony Prendatt, Warren Riker (Toningenieure)[38]   Vereinigte Staaten
Vereinigte Staaten   The Miseducation Of Lauryn Hill

Garbage – Version 2.0

Madonna – Ray of Light

Shania Twain – Come on Over

Sheryl Crow – The Globe Sessions

        Lauryn Hill (2005)

2000

23. Februar 2000   Santana

Alex Gonzales, Art Hodge, Charles Goodan, Clive Davis, Dante Ross, The Dust Brothers, Fher Olvera, Jerry Duplessis, KC Porter, Lauryn Hill, Matt Serletic, Stephen M. Harris, Wyclef Jean (Produzenten)

Alvaro Villagra, Andy Grassi, Anton Pukshansky, Benny Faccone, Chris Theis, Commissioner Gordon, David Frazer, David Thoener, Glenn Kolotkin, Jeff Poe, Jim Gaines, Jim Scott, John Gamble, John Karpowich, John Seymour, Matty Spindel, Mike Couzzi, Steve Farrone, Steve Fontano, T-Ray, Tom Lord-Alge, Tony Prendatt, Warren Riker (Toningenieure)[39]
        Vereinigte Staaten Vereinigte Staaten   Supernatural

Backstreet Boys – Millennium

Diana Krall – When I Look in Your Eyes

Dixie Chicks – Fly

TLC – FanMail

        Santana (2005)

2001

21. Februar 2001   Steely Dan

Walter Becker, Donald Fagen (Produzenten)

Phil Burnett, Roger Nichols, Dave Russell, Elliot Scheiner (Toningenieure)[40]   Vereinigte Staaten Vereinigte Staaten   Two Against Nature

Beck – Midnite Vultures

Eminem – The Marshall Mathers LP

Paul Simon – You're The One

Radiohead – Kid A

Steely Dan (2007)

2002

27. Februar 2002   verschiedene Interpreten[Fußnote 5]

T-Bone Burnett (Produzent)

Mike Piersante, Peter Kurland (Toningenieure)

Gavin Lurssen (Mastering)[41]   Vereinigte Staaten Vereinigte Staaten   O Brother, Where Art Thou?

India.Arie – Acoustic Soul

OutKast – Stankonia

U2 – All That You Can't Leave Behind

Bob Dylan – "Love and Theft"

2003

23. Februar 2003   Norah Jones

Norah Jones, Arif Mardin, Jay Newland, Craig Street (Produzenten)

Jay Newland, S. Husky Höskulds (Toningenieure)

Mark Wilder, Ted Jensen (Mastering)[42]   Vereinigte Staaten Vereinigte Staaten

Come Away with Me

Nelly – Nellyville

Eminem – The Eminem Show

Dixie Chicks – Home

Bruce Springsteen – The Rising

Norah Jones (2007)

2004

8. Februar 2004   OutKast

André Benjamin, Big Boi, Carl Mo (Produzenten)

Vincent Alexander, Chris Carmouche, Terrence Cash, Reginald Dozier, John Frye, Richard Furch, Robert Hannon, Padraic Kernin, Moka Nagatani, Pete Novak, Brian Paturalski, Matt Still, Darrel Thorpe (Toningenieure)

Brian Gardner, Bernie Grundman (Mastering)[43]   Vereinigte Staaten Vereinigte Staaten   Speakerboxxx/The Love Below

Evanescence – Fallen

Justin Timberlake – Justified

Missy Elliott – Under Construction

The White Stripes – Elephant

OutKast (2001)

2005

13. Februar 2005   Ray Charles

Don Mizell, Herbert Waltl, John R. Burk, Phil Ramone, Terry Howard (Produzenten)

Al Schmitt, Ed Thacker, Joel W. Moss, John Harris, Mark Fleming, Pete Karam, Robert Fernandez, Seth Presant, Terry Howard (Toningenieure)

Doug Sax, Robert Hadley (Mastering)[44]		Vereinigte Staaten Vereinigte Staaten	Genius Loves Company

Alicia Keys – The Diary of Alicia Keys

Green Day – American Idiot

Kanye West – The College Dropout

Usher – Confessions

Ray Charles (2003)

2006

8. Februar 2006		U2

Brian Eno, Chris Thomas, Jacknife Lee, Daniel Lanois, Flood, Steve Lillywhite, Nellee Hooper (Produzenten)

Carl Glanville, Flood, Greg Collins, Jacknife Lee, Nellee Hooper, Simon Gogerly, Steve Lillywhite (Toningenieure)

Arnie Acosta (Mastering)[45]	Irland Irland	How to Dismantle an Atomic Bomb

Gwen Stefani – Love. Angel. Music. Baby.

Kanye West – Late Registration

Mariah Carey – The Emancipation of Mimi

Paul McCartney – Chaos and Creation in the Backyard

U2 (2005)

2007

11. Februar 2007		Dixie Chicks

Rick Rubin (Produzent)

Chris Testa, Jim Scott, Richard Dodd (Toningenieure)

Richard Dodd (Mastering)[46]	Vereinigte Staaten Vereinigte Staaten	Taking the Long

Way

Gnarls Barkley – St. Elsewhere

John Mayer – Continuum

Red Hot Chili Peppers – Stadium Arcadium

Justin Timberlake – FutureSex/LoveSounds

Dixie Chicks (2006)

2008

10. Februar 2008   Herbie Hancock

Norah Jones, Joni Mitchell, Corinne Bailey Rae, Tina Turner, Leonard Cohen, Luciana Souza (weitere Interpreten)

Herbie Hancock, Larry Klein (Produzenten)

Helik Hadar (Toningenieur)

Bernie Grundman (Mastering)[47]   Vereinigte Staaten Vereinigte Staaten   River: The Joni Letters

Foo Fighters – Echoes, Silence, Patience & Grace

Vince Gill – These Days

Kanye West – Graduation

Amy Winehouse – Back to Black

Herbie Hancock (2006)

2009

8. Februar 2009   Robert Plant, Alison Krauss

T-Bone Burnett (Produzent)

Mike Piersante (Toningenieur)

Gavin Lurssen (Mastering)[48]   Vereinigtes Königreich Vereinigtes Königreich,

Vereinigte Staaten Vereinigte Staaten   Raising Sand

Coldplay – Viva la Vida or Death and All His Friends

Ne-Yo – Year of the Gentleman

Radiohead – In Rainbows

Lil Wayne – Tha Carter III

Alison Krauss (2008)Robert Plant (2010)

2010

31. Januar 2010   Taylor Swift

Colbie Caillat (weiterer Interpret)

Nathan Chapman, Taylor Swift (Produzenten)

Chad Carlson, Nathan Chapman, Justin Niebank (Toningenieure)

Hank Williams (Mastering)   Vereinigte Staaten Vereinigte Staaten   Fearless

Beyoncé Knowles – I Am... Sasha Fierce

The Black Eyed Peas – The E.N.D.

Lady Gaga – The Fame

Dave Matthews Band – Big Whiskey and the GrooGrux King

Taylor Swift (2010)

2011

13. Februar 2011   Arcade Fire

Arcade Fire, Markus Dravs (Produzenten)

Arcade Fire, Markus Dravs, Mark Lawson, Craig Silvey (Toningenieure)

George Marino (Mastering)		Kanada Kanada The Suburbs

Eminem – Recovery

Lady Antebellum – Need You Now

Lady Gaga – The Fame Monster

Katy Perry – Teenage Dream

Arcade Fire (2005)

2012

12. Februar 2012		Adele

Jim Abbiss, Adele, Paul Epworth, Rick Rubin, Fraser T. Smith, Ryan Tedder, Dan Wilson (Produzenten)

Jim Abbiss, Philip Allen, Beatriz Artola, Ian Dowling, Tom Elmhirst, Greg Fidelman, Dan Parry, Steve Price, Mark Rankin, Andrew Scheps, Fraser T. Smith, Ryan Tedder (Toningenieure)

Tom Coyne (Mastering)		Vereinigtes Königreich Vereinigtes Königreich	21

Foo Fighters – Wasting Light

Lady Gaga – Born This Way

Bruno Mars – Doo-Wops & Hooligans

Rihanna – Loud

Adele (2009)

2013

10. Februar 2013[49][50]		Mumford & Sons

Markus Dravs (Produzent)

Robin Baynton und Ruadhri Cushnan (Toningenieure und Mischer)

Bob Ludwig (Mastering)		Vereinigtes Königreich Vereinigtes Königreich	Babel

The Black Keys - El Camino

fun. - Some Nights

Frank Ocean - Channel Orange

Jack White - Blunderbuss

Mumford & Sons (2009)

2014

26. Januar 2014   Daft Punk   Frankreich Frankreich   Random Access Memories

Sara Bareilles - The Blessed Unrest

Kendrick Lamar - Good Kid, M.a.a.d. City

Macklemore & Ryan Lewis - The Heist

Taylor Swift - Red

Daft Punkt, 2010

2015

8. Februar 2015   Beck   Vereinigte Staaten Vereinigte Staaten   Morning Phase

Beyoncé - Beyoncé

Ed Sheeran - X

Sam Smith - In the Lonely Hour

Pharrell Williams – Girl

Beck, 2006

2016

15. Februar 2016	Taylor Swift	Vereinigte Staaten Vereinigte Staaten	1989

Sound & Color - Alabama Shakes

To Pimp a Butterfly - Kendrick Lamar

Traveller - Chris Stapleton

Beauty Behind the Madness - The Weeknd

Taylor Swift, 2013

2017

12. Februar 2017	Adele	Vereinigtes Königreich Vereinigtes Königreich	25

Lemonade - Beyoncé

Purpose - Justin Bieber

Views - Drake

A Sailor's Guide to Earth - Sturgill Simpson

HÖR MAL WER DA HÄMMERT meinte Tim Taylor und prostete CHEERS. Wir sind auf einer
Zeitreise ins MILLENIUM lachte Seven of Nine und schwärmte vom SUPERNATURAL.
INDIANA JONES lauschte auf seiner Abenteuerreise STEELY DAN, HARRY BELAFONTE und
den BEACH BOYS. ROCKY erinnerte sich an seinen ersten Tanz mit CHRISTINA AGUILERA und
RAMBO konnte nicht die Finger von KATJA FLINT lassen....
Hahahahahahahahahahahahahahahahahaha....